中田基昭 編著
大塚類・遠藤野ゆり 著

家族と暮らせない子どもたち

児童福祉施設からの再出発

新曜社

はしがき

家族のあいだのいさかいや虐待《ぎゃくたい》などの親子関係のもつれが、子どもに関連する痛ましい出来事となって、マスコミに報じられることも多い。そのたびに、これらの出来事は、子どもに関わる研究者や実践者などの専門家だけではなく、広く世間の注目を集め、子どもを守るための方法、子どもを育てる立場にあるおとなのとるべきあり方が論じられる。

親子関係のもつれの改善のための働きかけは、本来、親に対してもなされなければならないであろう。とくに年齢の低い子どもの場合はそうであるが、多くの場合、子どもには親子関係のもつれを改善するだけの能力も機会もないからである。たしかに、思春期の子どもの非行の場合には、一見すると、非行をしたのは子どもであるから、そのあり方を変えなければならないのは子どもであるように思われる。つまり、子ども自身が、みずから非行を断ち切らなければならないように思われる。しかし、こうした子どもも、たとえば、人間関係の息苦しさや家庭での居心地《いごこち》の悪さから家出や夜遊びなどをするようになり、結果として非行につながることが多い。このときその子どもにのみ親子関係のもつれを改善することを求めても、根本的な問題は解消されない。非行は親子関係のもつれにその根をもっているからである。

しかし、親子関係のもつれを解きほぐす見込みのない子どももいる。というのも、親子のあいだの感情のもつれがかなり深刻となり、あるべき親のあり方を親に求めることが困難となっている場合もあるからである。思春期の非行の場合には、もはや親の養育の範囲におさまりきれないケースもあるだろう。それどころか、そもそも実の親に育てられたことがほとんどない子どもや、親がだれなのかさえわからない子どももいる。こうした子どもたちの場合には、家族への再統合がほとんど不可能であったり、そもそも再統合される家族がいない。

こうした子どもを守るためにさまざまな児童福祉施設（以下、施設と省略）があり、そこで暮らしている子どもたちが自分の未来の人生を自分の力で切り拓いていくための力を培《つちか》う場となっている。本書で描かれるのは、こうした子どもたちの養育の現場に長年にわたって参加してきた二人の教育研究者による事例であり[1]、このような施設で暮らしている子どもたちの再出発である。こうした子どもたちが、非常に辛《つら》い想いをしながらも自立を求め、それぞれの施設で日々の生活を送りながら、おとなと共に手をとり合って互いに成長していく道筋を、読者と共に探りたい。

その際に導きの糸となったのが、ハイデガーやサルトルなどの現象学である。しかし本書では、哲学的思考方法を前提とはしていない。ハイデガーとサルトルの現象学については序章で簡単にふれるが、本書では学問において最優先される論理的考察の正しさよりも、子どもたちがこうむっている辛さを手探りしながら実感できる感覚を、大事にしていく。長年にわたって実践の現場で身をもって子どもたちと関わることによってはじめてみえてくる、施設のありようや、そこで暮らしている子どもたちの内面に豊かに、深くせまることをめざしたいからである。私たち三人は、こうした理解において、現象学が大きな助けとなることを実感してきた。本書でも彼らの言葉を引用しているが[2]、必要最小限にとどめている。

子どもたちがさまざまな困難におちいりながらも、その困難をのりこえてたくましく成長していくため、私たちおとながなにをすべきかを探るための道しるべとして、本書が役立つよう願っている。読者が、施設で暮らす子どもたちの再出発の困難さと、この困難さをのりこえて自立していった子どもたちの道筋とを、さらに深い次元で共有していただければ、とも願っている。

最後になったが、本書の刊行を快諾してくださった、新曜社代表取締役・社長塩浦暲さんには、心より感謝したい。さらに塩浦さんは、「著者と編集者とのあいだに建設的なやりとりがあってこそ、よりよい本が生まれる」という編集方針から、私たち三人の原稿のかなりの部分に直接手を入れてくださり、私たちにさらなる推敲をさせていただく機会を与えてくださった。このことにより、私たち三人は、これまでにない仕方で自分の文章に向き合う、という貴重な経験をさせていただいた。本書が現象学になじみのない読者にも読みやすいものとなったならば、ひとえに塩浦さんのおかげである。この場をお借りして、執筆者一同、感謝の言葉を述べさせていただきたい。

2011年8月

編　者

子どもたちと自由に関わることを認めてくださり、本書で事例として掲載することもご快諾くださった園長先生。週に1、2回しか訪問しない私を、ホームの一員として迎えてくださる職員の方々。そして、本書で取りあげさせていただいた多くの子どもたちをはじめとして、学園でこれまで出会ってきたすべての子どもたちに、深い感謝の意を表します。喜びも哀しみもそのままに伝えてくれるみんなと過ごす日々のなかで、ひととの関わりの奥深さを教えられました。学園を巣立っていった子どもも、学園で暮らしている子どもも、みんなの将来が笑顔と喜びにあふれるものであることを、心から祈っています。

大塚　類

本書の執筆は、ホームで出会ったたくさんの子どもたちを含め、多くの方たちのご理解、ご配慮があって初めて可能となりました。心より感謝申し上げます。とりわけ、筆者には想像すべくもない過酷な状況にありながら、いつも明るく接してくれる樹理さん（仮名）の生き方に、心からの敬意を表します。そして、その樹理さんを支えておられる林さん・ハル子さんご夫妻（仮名）に、貴重な実践に触れさせていただいたことへのお礼と、また、本書で事例として掲載することを懐深くお許しくださったことへの感謝とを申し上げます。

遠藤　野ゆり

目　次

装幀＝難波園子

序章　再出発にともなう不安

中田　基昭

本章では、まず、施設で暮らしはじめることが、子どもにとって人生の再出発となることについて述べ、次に、第1章から第3章までの内容の概略と観点を、それぞれの章が導きとしているハイデガーとサルトルに関わらせつつ述べ、最後に、これら二人の哲学者における不安のとらえ方の違いを示したい。このことによって、それぞれの章で描かれる子どもたちの辛《つら》さをとらえる際の感覚が、いくらかでも深まることをめざしたい。

子どもの再出発をめぐって

子どもにとって、さまざまな施設で暮らしはじめることは、それまでにきずかれていた人間関係から切り離されることを意味している。施設にくるまでにきずかれていた、たとえば親子関係は、それがどのようなものであっても、子ども自身がもっともなれ親しんでおり、この関係を出発点として以後の人間関係がきずかれるため、もっとも根源的な人間関係である。この人間関係は、ほかの人間関係とはとりかえることのできない、子どもにとって唯一のかけがえのないものである。

新しい施設で生活しはじめることによって、このかけがえのない人間関係が子どもから切り離される。そして、それまではまったく未知であったおとなとのあいだで、もっともなれ親しむことになる人間関係を新たにきずかなければならない。施設で生活しはじめることは、子どもにとっては、人生のかなりはじめの時期に、新たな人生をはじめることを、つまり自分の人生を再出発させることを意味する。そのため、施設にきて、そこでの生活になれていくこと自体が、子どもにとって非常に辛《つら》いことになってしまう。

たしかに、これ以上親と一緒に生活することは、子どもの生命の危機にいたるというおとなの判断から、さまざまな施設への措置がなされる場合がある。しかし、こうした〈子どものため〉というおとなの配慮によって見逃されがちなことがある。

子どもにとって、たとえば親の虐待《ぎゃくたい》から解放されることは、たしかに、身体的にも精神的にも非常に大きな苦痛から解放されることであろう。しかし、虐待をしている親との関係は、その子どもにとっては、もっともなれ親しんでおり、唯一のかけがえのない関係でもある。子どもにとって第一の悲劇は、こうした親子関係が子どもにとって辛いものであることだ。しかし、親から切り離すことによって子どもを守るということは、子ども自身にとっては、救いであると同時に、それまでの人間関係から切り離され、まったく知らない人間と関係しなければならないという辛いものになってしまう。このことが、子どもにとって第二の悲劇となる。それまでの非常にもつれた親子関係から子どもを救うことは、人間関係の新たなもつれを子どもに強いることになってしまう。第一の悲劇が第二の悲劇を生みだしてしまう。親から切り離されて施設で自分の人生を再出発させることは、子どもにとっては新たな種類の辛さを体験することになってしまうのである。

施設での生活になれ、そこできずかれる新たな人間関係を以後の人間関係の出発点としていくための日々の生活は、辛さを克服しながら、あるいは辛さを背負いながら、将来自立して、施設を巣立つことをめざした、再出発の歩みそのものである。しかも、家族との再統合が見込めない子どもにとって、施設を巣立つことは、自分ひとりで社会にとびこんでいくことを意味する。本当の自立とは、施設を巣立った以後の生活を、自分ひとりで切り拓いていくことを意味する。

家族への再統合がはたせない子どもにとっての本当の自立は、結婚し、かつて失われた、あるいは自分では経験したことのない家族というものを自分で育むまで、つづけられることになる。それどころか、虐待や貧困の連鎖といった可能性が指摘されていることからすると、自分の人生を終わらせるまで、辛さをともなった自立の歩みはつづくのかもしれない。

このような子どもたちに関わる者にとって、再出発という言葉は、さまざまな想いをもって理解されるかもしれない。しかし子どもにとっては、施設にきて、そこで生活することは、施設にくる前とは異なった辛さをともなう人生の再出発とならざるをえないのである。

本書では、子どもたちが施設にくることによって、自分の人生を再出発させ、施設のおとなと共に、本当の自立をめざした再出発の道筋で味わうさまざまな辛さを克服していく際の、具体的な営みを3つの事例をとおして描いていく。

各章の内容と観点

第1章では、この章で描かれる施設にきた子どもの姿をとおして、施設で暮らしはじめ、そこでの生活になれていくとはどのようなことであるのかを、まずみていく。そのうえで、施設での日常生活のなかで生じるささいな出来事がもつ、子どもにとっての意味を探っていく。そのことにより、ささいな出来事によって子どもたちのこうむる辛さの内実が明らかにされるだろう。それと同時に、こうした辛さを克服しようと試みる、子どもの努力も描いていく。

こうしたことを具体的にありありと描くため、第1章では、食事をしたり、宿題のプリントを探したり、毎年おこなわれる自分の部屋の移動などといった、きわめて日常的であり、一見ことさら問題とする必要はないとも思われる、日常生活上の出来事をとりあげる。

日常生活において、たとえば食器が、それを使うことによって食事をおいしく食べるという行為を可能にし、水道水が、食事後に食器を洗って次の食事の準備をととのえておくことを可能にしてくれる。このように、日常生活は、生活上の行為を次々と実現していく可能性を開いてくれる道具との関わりによって営まれる。このような、日常生活における道具や道具のあいだの関係、道具を使う人間のあり方の意味について深く思索したのがハイデガーである。ハイデガーを導きとすることにより、子どもと道具との関わりを介して、どのようなことが施設における子どもの生活を根底で支えているのかが明らかとなる。ハイデガーによれば、道具を適切に使えないことは生活の可能性をふさぐことである。安心して、また充実感をともなって生活することができにくくなるからである。子どもたちは、道具との関わりという日常的な出来事によって、大きな辛さをこうむることにもなる。

第1章ではさらに、道具と適切に関わることによって、あるいは、道具との関わり方を積極的に工夫することによって、子どもが施設内での生活の可能性をどのようにして自分で切り拓いていくかを、子どもの日常生活に即して探っていく。このことから、施設で生活することの子どもにとっての意義が明らかとなるだろう。

第2章では、少人数の思春期の少女たちがケアワーカーと共に日常生活を営んでいる施設内での人間関係の、微妙なありようが描かれる。彼女たちは、施設で暮らしている自分のあり方が、そうではない子どもと比べ普通ではないことを強く自覚し、施設の外での日常的な人間関係において辛さをこうむる。そのため、彼女たちは、施設内ではみんなで同じように生活しよう、と試みる。そのように試みることが、彼女たちに施設での生活に安心感を与えてくれる、と思ってしまうからである。

しかし、そもそもこうした安心感は、実は、本当の自分を直視することをさけることによって得られるものでしかないという観点を、ハイデガーは「世間」についての思索から導きだしている。第2章ではこの観点に導かれつつ、施設内でみんなで同じように生活することは、良好な人間関係を生みだすのではなく、むしろ人間関係を微妙なものにしてしまうことが具体的に明らかにされる。と同時に、人間関係のこうした微妙なあり方にかなりの敏感さで気づくからこそ、彼女たちは、この関係に苛《さいな》まれ、辛さをこうむることになる。第2章では、この辛さが、自分たちの可能性を自分たちで切り拓いていくための力を彼女たちに与えてくれていることが描かれる。

第3章では、数人の思春期の子どもたちが自立をめざして養育者夫妻と生活している施設での、ある少女の事例が描かれる。彼女がこの施設にくることになった直接の理由は、非行である。しかし、彼女の養育者は、かつての非行もふくめ、彼女のいわゆるさまざまな〈問題行動〉の背景には被虐待経験がある、ととらえている。養育者は、このことを彼女にすぐには告げず、まずは、施設での問題行動における彼女のあり方に彼女自身を向き合わせる。このことによって、養育者と彼女とのあいだで、かなりはげしい〈対決〉がくりひろげられる。その後、彼女の被虐待経験についてかなり深刻な対話が、養育者夫妻と彼女とのあいだで営まれる。第3章ではこうした対話を事例として、本当の自分として生きることの困難さ、彼女の再出発と本当の自立へといたる道筋が、サルトルの思索に導かれて克明に描かれる。

サルトルによれば、過去の出来事は、未来がどのような可能性をそなえているかによって、異なる仕方でとらえられる。第3章で具体的に描かれるように、第三者にとっては、虐待がおこなわれたのはまぎれもない事実であったとしても、子どもには、きびしい〈しつけ〉としてとらえられることがある。しかし、施設で自分の人生を再出発させることをとおして未来の可能性が開かれてくると、きびしいしつけとしてとらえられていたことは、子どもにとっても虐待としてとらえられるようになる。他方、きびしいしつけを受けたのは、自分が〈悪い子〉だったからであるとして、自分の悪かった点を改めようとし、親子関係のもつれをなんとかして解きほぐそうとするかぎり、つまり、現在のもつれた親子関係にこだわるかぎり、自立という自分の未来の可能性は、いつまでたっても開かれてこない。

このように、未来の可能性は過去の事実のとらえ方と互いに照らし合う関係にある。しかもサルトルによれば、本当の自分となるのは、他者に眼差されることによってである。このことによってはじめて、自分の可能性がどのようなものであるかが、自分自身につきつけられる。しかしそのため、他者に眼差される者は、非常に大きな辛さをこうむることにもなる。たとえば、第3章で描かれるように、自分が知っていることをみんなに得意になって話しているときの少女のあり方は、養育者に眼差されることにより、むしろ非難されるべきものであることが、彼女自身に実感されてしまう。

第3章ではサルトルのこうした思索に導かれつつ、事例の少女が、過去の辛い事実や自分自身へと向き合い、そうした過去と自分自身を自分で受け入れ、未来における自分の人生の可能性を切り拓いていく道筋が描かれる。

第3章ではさらに、こうした道筋をたどらなければならない辛さを彼女がのりこえるために必要な、施設での生活を安心して送れるようにする養育者の配慮も描かれている。たとえば養育者は、毎日早朝から働きに出かける子どものための食事の準備など、子どもの生活を支えるための基本的条件を保つため、一年365日、子どもたちから解放されることが一時もない。しかし、養育者のこうした支えが、施設で暮らしている子どもたちに安心感を与える。こうした安心感が、養育者との対決にともなう辛さから、子どもを救ってくれるのである。

不安について

ハイデガーもサルトルも、本当の自分として生きることの困難さにつうじる思索をした実存哲学者と呼ばれる現象学者である。その際彼らは、人間の現実のあり方ではなく、人間がどのような可能性を生きているかを問題とする。可能性は、未来のあり方であるから、たえず不確かさをそなえている。このことが、私たちに不安を生じさせる。この点については、両者のとらえ方はほぼ同じである。

しかし、未来の不確かさによって私たちがどのような生き方を強いられているかに関して、両者のあいだには違いがある。この違いは、不安という気分が、ハイデガーとサルトルではいくらか異なる仕方でとらえられていることから生じる。

ハイデガーのいう不安とは、特定のなにかについての不安ではない。私たちは、不安において、なんとなく「居心地《いごこち》の悪さ」を感じる[1]。居心地の悪さとは、我が家でくつろいでいるときのような安心感が得られないことだけではなく、生きていくための可能性がかなりふさがれている、ということである。こうしたことは、私たちが日常的に、不安という言葉でそれとなく感じていることの内実でもある。第1章と第2章で描かれる子どもたちも、日常生活を営んでいるときや微妙な人間関係に辛さを感じるのは、自分の可能性がふさがれている不安をつねになんとなく感じているからである。

そのため、そこで描かれる子どもたちにとっては、日常生活上のささいな出来事が、大きな問題となってしまうことがある。不安につきまとわれていると、日常生活のちょっとしたことでも精神的な調子をかなり大きくくずしてしまうほど、さまざまな場面で彼らにとって可能な生活がふさがれてしまうように感じられる。たとえば、第1章で描かれるように、宿題のプリントがどうしても見つからないため、「…もういやだ!」とさけんで、自分の部屋をとび出すことしかできなくなる。このことは、子どもがこうむっている辛さの背後の不安を、はっきり示している。たとえば、第2章で描かれる、基本的な生活が営まれる場所を「移っても、…辛いのはなにも変わらなかった」とか、「もうここにはいられない!」という子どもの言葉からは、これらの言葉で直接とらえられる辛さの背景にある、自分の可能性がふさがれる不安を子ども自身がなんとかしてやわらげたいという強い想いがうかがわれる。

子どもたちの辛さを考慮するだけでは、そのつど彼らがこうむっている辛さの背景にあるものがとらえられなくなる。必要なのは、彼らの辛さが、彼らにつねにそれとなく感じられている不安とどのように関係しているかをもとらえることである。第1章と第2章では、ハイデガーに即して子どもたち自身によって直接とらえられている辛さの背景にある不安の内実が明らかにされる。そうすることによって、ふさがれた可能性をふたたび切り拓こうと日々努力しつづける子どもたちの想いが、より豊かに深くとらえられるようになる。そうしてはじめて、おとなは、施設における彼らの再出発の道筋を、彼らと共に歩むことが可能となるのである。

第3章で導きを与えてくれるサルトルにおいては、ひとが不安になるのは窮地《きゅうち》におちいり、「『自分はいったいどうしたらいいのだろうか？……』」と自問するときである[2]。つまり、窮地におちいった自分に向き合うとき、私たちは、サルトルのいう意味で不安になるのである。

第3章で描かれる思春期の少女は、自分の〈問題行動〉や親からの被虐待経験について、養育者と対話することによって窮地におちいり、自分自身へと向かうことになる。このことを介して、彼女は、自分はなにをどのようにしたらいいのかを、不安をいだきながら、養育者と共に探っていく。この探求において、彼女にとって本当の自立が実現されるのは、親とは物理的にも精神的にも距離をとった関わり方の可能性を、彼女が自分で切り拓こうとする覚悟によってである。「あたし、もういいんだ、母親とか父親は。お兄ちゃんとだってもうだめだし」という彼女の言葉からは、この覚悟の強さだけではなく、この言葉を発するにいたるまで、本当の自分へと向き合う過程で彼女がのりこえてきた窮地の辛さが透けてみえてくる。

そうであれば、窮地におちいって不安になることは、当人にとってたとえどれほど辛いことであっても、否定されるべきあり方ではない。自分自身へと向き合い、不安におちいることによって、本当の自分であることにつながっていく。自分の身に生じたことを他人や自分の境遇《きょうぐう》のせいにすることによって、他人や境遇から逃げるのではなく、本当の自分から目をそむけることなく、それらすべてを受け入れ、引き受けるからこそ、本当の自分として、未来の可能性を生きることができる。不安においては、自分以外のものに自分のあり方の「動機」や原因を求めることができなくなる[3]。第3章ではサルトルのこうした不安観に導かれて、思春期の少女の再出発と自立の道筋をとおして本当の自分となるための過程が、サルトルの思索に対応した深さをもって、豊かに描かれる。それは、子どもの辛さを受容するだけの人間関係においては達成されることはない。

第1章と第2章で描かれる子どもたちは、可能性がふさがれる不安をつねになんとなく感じているため、日常生活でのそのつどのささいな出来事や人生の再出発に際して大きな辛さを味わうのであった。しかしハイデガーによれば、自分の可能性がふさがれる不安をいだいているからこそ、不確かな未来を見つめたり、これまでの自分の生活をふり返るという仕方で、自分自身へと向き合うことができるようになる。

他方、第3章で描かれる少女が自分の過去の辛い事実へと向き合い、不確かな未来へと向かって自立していく際に味わう辛さは、サルトルがいうところの、自分自身へと向き合うことと共に生じる不安に基づいている。この場合には、自分自身へと向き合うことによって、いわば自分で自分を不安がらせるということが生じてしまう。だからこそ、不安と共に開かれてくる可能性は、ほかのだれでもない、自分にとっての本当の可能性となる。

子どもが味わう辛さの内実と、それをのりこえる際のあり方のこれらの違いは、ハイデガーとサルトルをそれぞれの導きとすることによって鮮明に理解されることが、以上の素描でいくらかは明らかにされたのではないか。以下第3章まで、こうした不安のあり方の違いを背景としつつ、家族への再統合の見込めない施設で暮らす子どもたちの再出発と自立への道筋を、具体的な個々の事例をとおして描いていく。このことによって、自立をめざした再出発の歩みそのものである、施設で生活することの子どもにとっての意義と意味が明らかになるはずである。

こうした子どもたちと共に歩むための道筋を探るために、これらの章から私たちがなにをどのように学べるかについては、第4章でハイデガーやサルトルなどの実存哲学にさらに多少踏みこむことによって、探ることにしたい。そうすることによって、本書の事例をこえて、現象学に基づいて子どものあり方を実感しつつとらえることの意義と可能性について探っておきたい。

第1章　施設を自分の居場所にする

大塚　類

本章では、子どもたちにとって児童養護施設で暮らすとはどういうことなのかを、入所したばかりでどうしてよいかわからず立ちすくんでしまう、自分の物にこだわる、部屋片づけができない、といった、日常生活のエピソードに基づいて描いていく。また、日々の暮らしにおけるケアワーカーの関わりに着目して、子どもたちのそのつどの現在の生活を充実させることによる再出発についてみていきたい。

はじめに ── 子どもたちの実態

児童養護施設（以下、施設と省略）は、保護者との死別や離別、虐待《ぎゃくたい》など、さまざまな事情から自分の家庭で生活できない、1歳から20歳までの子どもたちが、児童福祉法に基づき措置されて暮らす児童福祉施設である。現在は、児童虐待や家庭崩壊の増加により、自分の家族への再統合が望めないまま、施設から〈自立〉することになる子どもたちがふえている。また、週末や長期休暇中の家庭への外泊や、家族との面会さえ、かなわない子どもたちも多い。それどころか、生後まもなくして乳児院に引きとられ、自分の家庭や自分の家族そのものを、一度も知らずに育っている子どもたちもいる。そのため現在施設には、子どもたちの生活の基盤となり、自立までの数年から10数年間の成長の歩みを見守る、〈家庭〉の代わりとしての役割が、強く求められている。

子どもたちとの関わり

筆者は、児童養護施設A学園で、児童指導補助員や宿直補助員として、多いときには週2回の頻度で、10年以上にわたって子どもたちと関わってきた。そのあいだには、子どもたちとの穏やかな日常だけではなく、子どもたちのケンカをとめようとして、腹部を強くなぐられて息ができなくなったり、数週間にわたってあとが残るほどの強い力で、かまれたこともあった。一緒に遊びたい、という子どもの願いをかなえてあげられなかったため、その子どもから、「バカ！」、「どっかいけ！」、というきつい言葉をあびせられたり、本や石を投げられたり、なぐりかかられることもしばしばあった。興奮した子どもが食卓の上を歩きまわったり、食事を壁に投げつけたりするなかで、その子どもをこれ以上刺激しないようにと、なにごともないかのように食事をつづけたこともあった。パニック状態になった子どもにケアワーカーがなぐられているあいだ、近くにいた幼い二人の子どもたちを守るため、彼らを両手にかかえて走って逃げたことも、一度や二度ではなかった。

　このように子どもたちは、自分ではどうにもできない衝動《しょうどう》や、ほかの子どもとの関わりのなかで落ちつけない、安心できないという問題を、少なからずかかえている。また、成長するにつれて子どもたちは、自分が施設で暮らしていることの意味と現実に直面し、複雑な想いをかかえ葛藤《かっとう》するようになる。だからこそ、こうした子どもたちの成長や落ちつきにとって、日々の生活が安定し充実していることが、重要な意味をもつはずである。そして、日々の生活の安定や、子どもたちの成長の土台となるのが、住まいの場としての施設なのである。

　施設での生活のなかで、食事は朝昼晩の3食、栄養バランスを考えて食べること、お風呂には毎日入ること、夜ふかししないで朝おきて学校に行くこと、といった基本的な生活習慣をはじめて身につける子どもも少なくない。食事をみんなで食べるおいしさ、天日干ししたフトンの心地良さ、タンスに入っている清潔な衣類を選ぶ喜び、おとなと一緒におやつを作る楽しさといった、生活のなかでの充実感についても、同じであろう。施設の生活で身につけたこうした習慣や感覚が、子どもたちが自立して自分の家庭を営んでいくときの、指針となっているはずである。しかも、ある子どもたちにとって、施設は、自立した後も頼ることができたり、恋人や、配偶者や、自分の子どもを連れて帰ってこられる、唯一の場所となっている。

施設と家庭との違い

現在、多くの施設では、児童福祉政策の方針に基づき、小規模化したり、地域の一軒家やマンションの一室をホームとすることで、子どもたちの養育を一般家庭での養育にできるだけ近づけることをめざしている。しかし、物理的な空間を一般家庭にいくら近づけたとしても、施設は、子どもたちにとっての本当の家庭とはなりえない。たとえば、乳児期に家族と離れ、自分の家庭や家族をまったく知らない子どもであっても、会ったこともない自分の親のいるどこかが、「ぼくのおうち」だと言う。また、家族との面会や電話もほとんどなく、自立した後も家庭にもどれないことを自覚している子どもであっても、家族とかつて暮らしていた場所が自分の家だという、強い想いをもっていることがほとんどである。

また、施設のありようも、家庭とはやはり異なっている。たとえば、A学園の場合には、子どもたちの意志と関係をふまえて、毎年ホーム再編成がおこなわれ、ホームを担当するケアワーカーや、ホームで暮らす子どもの顔ぶれが変わることになる。さらには、年度の途中であっても、新たな子どもが加わったり、家族のもとへ帰る子どもがいたり、退職するケアワーカーもでてくる。このように子どもたちは、自分の住む場所、一緒に住むひとびとの顔ぶれ、自分の部屋やルームメイトが変わることを、毎年経験している。ホーム移動をしない場合でも、子どもたちは、自分の住んでいるホームや自分の部屋について、「去年の方がよかった」、「前よりずっと過ごしやすくなった」、といった言葉を発する。子どもたちには、ホームの家具やその配置など、物理的にはほぼ同じ空間であっても、一緒に暮らす相手がだれであるかによって、場のありようが大きく異なって感じられているようである。と同時に、一緒に暮らすひとびとが毎年変わり、去年と今年のホームのありようを比べられるということ自体が、一般の家庭と施設との違いをはっきりと示している。

このように施設は、子どもたちの成長にとっての家庭の役割を肩代わりしながらも、普通の意味での家庭ではありえない、という複雑さをはらんでいる。とはいえ、施設は、子どもたちが現在の生活を充実して営むための基盤である。そうである以上、子どもたちと関わる私たちおとなは、子どものふるまいにこの複雑さがどのような影響をおよぼしているのか、この複雑さのなかで子どもを育てるにあたって、なにに留意しなければならないのか、子どもが充実した生を営むことに、この複雑さがどう関わってくるのかを、考えていかなければならない。

本章でみていきたいこと

そこで本章では、A学園のあるホーム（ケアワーカー4人と子ども10人）における子どもたちの日常的な営みに着目し、彼らにとってのホームや自分の部屋という場の現われや、彼らのふるまいの意味についてみていきたい。

先に述べたように、子どもたちは、毎年のホームのありようの変化を敏感に感じとっている。しかも、毎年度はじめにおける筆者の実感もふまえれば、子どもたちが実感している場のありようの変化は、ホームの顔ぶれが変わることにともなう、人間関係や雰囲気の変化によるだけにとどまらない。たとえば、新たな子どもが加わると、その子どもの食器、クツ、タオルなどが、ホーム内のそれぞれのおき場所に加わることになる。担当のケアワーカーが変わることによって、玄関マット、ソファーカバー、観葉植物といった、ホーム全体のインテリアの雰囲気が変わる。さらには、リーダーとなるケアワーカーの考え方によって、食卓の席順をどのように決めるのか、子ども部屋の割りあてをどうするのか、入浴、食事、睡眠などの時間をいつにするのかといった、ホームの運営方法も変わってくる。こうした物理的な空間内における、さまざまなインテリアや日用品の配置の仕方や、日々の営みの小さな変化が、ホーム全体の雰囲気や相貌《そうぼう》の変化として、子どもたちの生活に、微妙でありながらも大きな影響を与えている。しかも、こうした家具や日用品がそれぞれ、炊飯器でご飯をたく、シャワーをあびる、フトンで眠るといった、子どもたちのありとあらゆる営みを支えている。こうした営みの一つひとつが充実したものになることが、施設で暮らす子どもたちにとって、自立に向けた第一歩になるであろう。したがって、本章で子どもたちのあり方をみていくにあたっては、彼らと身のまわりの物との関わりが、重要な観点となる。

本章では、まず第1節で、入所したばかりの子どものエピソードに基づいて、子どもにとって施設で暮らすとはどういうことなのかを、改めて探りたい。それをふまえ、第2節では、子どもたちが自分だけの道具を使うことにこだわる意味を、ホームを自分の居場所にすることとの関連から探りたい。第3節では、乱雑な部屋で暮らしている子どもの事例に基づいて、道具がふさわしい場所にふさわしい仕方でおさめられていることの重要性について考えたい。第4節では、引っこしにそなえて部屋の片づけをしている子どもの事例に基づいて、施設で暮らすなかで子どもたちに培《つちか》われる強さについてみていきたい。

第1節　居場所をつくりだす道具

子どもたちの日常生活の事例に入る前に、本節では、入所したばかりの子どものエピソードを手がかりとしながら、施設がはらんでいる複雑さ、ホームに住まうこと、住まうことに対する身のまわりの物の役割について、みていきたい。次節の事例でも登場する凛ちゃん（仮名、以下同様）は、2歳5ヵ月のときに、乳児院からA学園へと入所してきた。筆者は、凛ちゃんがはじめてホームで暮らすようになった日に、偶然たち合うことができた。

【泣きさけぶ凛ちゃん】

乳児院の職員にしがみつくようにだかれていた凛ちゃんは、自分のおかれている状況を感じとっていたのか、今にも泣きだしそうな表情で、職員の肩口をじっと見つめていた。ホームのケアワーカーが凛ちゃんをだっこすると、乳児院の職員はすぐに玄関へと向かう。すると凛ちゃんは、職員に追いすがるように身をのりだして両手を伸ばし、「ギャー、ヤダー、ヤダー」と、聞いているこちらの胸が押しつぶされるような、悲痛な声で泣きさけんだ。職員の姿が見えなくなってからも、凛ちゃんは、長いあいだ泣きさけびつづけていた。

入所から数週間ものあいだ、凛ちゃんは、視線が定まっていないうつろな表情で、言葉をほとんど発することがなかった。彼女はいつも、全身をこわばらせ、洋服のすそを両手できつくにぎりしめたまま、リビングの片すみでただ立ちつくしていた。ときには、声もたてずに涙をぽろぽろとこぼしていることもあった。ケアワーカーも、ほかの子どもも、筆者も、そうした凛ちゃんの姿を、遠くから見守るしかなかった。というのも、彼女は、ほかの子どもがオモチャをわたしても、ケアワーカーが食卓に座らせても、テレビの前にしかれているジュウタンに座らせても、強い拒否を示し、火がついたように泣きだしてしまうからである。凛ちゃんは、浴室をとくに怖がったため、１週間近くにわたって、彼女のからだをぬれタオルでふくことしかできなかった。さらには、凛ちゃんは、フトンのなかで安心して眠ることさえできず、いつも、彼女が心をゆるしている特定のケアワーカーにだかれたまま、眠りについていた。

ハイデガーにおける道具

このように、当時の凛ちゃんは、ホーム内で場所を移動することだけではなく、身のまわりの物にさわることさえも怖がっていた。そのため、彼女は、リビングの片すみに立ちつづけるしかなかった。

私たちは生きつづけているかぎりつねに、たとえ明確に意識していないとしても、そのつどのさまざまな可能性のなかから一つを選び、それを実現しつづけている、とハイデガーはいう。この可能性とは、〈成功の可能性が高い〉、〈無限の可能性を秘めている〉といった言い方にあるような、物事が実現する見込みや、潜在的な能力を意味しているのではない。そうではなく、私たちの行為やふるまいの一つひとつが、私たち自身によって選択され、実現された可能性なのである。こうした可能性を実現するため、私たちは、身のまわりの物を道具として用いている。たとえば、私たちは、調理をするという可能性の実現のために、包丁やマナ板を道具として用いる。さらには、ソファーにぼんやり座っているだけの場合でも、疲れをとるという可能性の実現のために、ソファーを道具として用いている。

こうした具体例からも示されるように、ハイデガーのいう道具とは、大工道具や調理道具など、いわゆる手作業のための物だけを意味しているのではない。そうではなく、私たちの身のまわりにある物、たとえば、文房具、筆ペン、インク、紙、下じき、机、ランプ、家具、窓、ドア、部屋などすべてが、広い意味での道具である[1]。それどころか、ハイデガーによれば、森は造営林であり、山岳は採石場であり、水の流れは水力であるというように、いわゆる自然でさえ、たいていの場合、道具として私たちに出会われる[2]。したがって、たとえば、後で事例でみるように、コップは飲み物をおいしく飲むための、学習プリントは勉強するための、ぬいぐるみは安心して眠るための、広い意味での道具であることになる。

ホームにそなわる公共性

入所当時の凛ちゃんのエピソードが典型的に示しているように、ホームでの生活経験が浅ければ浅いほど、子どもたちにとって、自分のまわりにあるあらゆる道具や、ホームという場そのものが、なじみのないよそよそしいものとして現われてくる。ハイデガーに即せば、凛ちゃんは、ホームの道具を用いて自分のそのつどの可能性を実現できなかったため、リビングの片すみに立ちつくしていたことになる。事実、施設に入所したばかりの子どもの多くは、年齢に関わりなく、それまではなんの問題もなく実現できていたであろう日常の営みにさえ、しばしば困難をかかえる。たとえば、ある少女（高校1年生）は、ホームで暮らしはじめてからしばらくのあいだ、天井やドアのすきまに幽霊のような影が見えるといって、夜中にパニックになっておきてきたり、トイレや浴室に入ることを怖がっていた。また、ある子ども（小学6年生）は、リビングなどの共有スペースでのふるまい方がわからず、自分の部屋にこもったり、ベランダの外からガラスごしに、リビングの様子を眺めたりしていた。

施設は、子どもたちがそこに住まい、日々の生活を営み、成長していく基盤であり、その意味で子どもたちにとっての「家庭的世界」[3]である。しかし同時に、施設は、駅や病院や学校を典型例とするような、「公共的世界」[4]としての側面もそなえている。ハイデガーは、公共的世界にそなわる特徴を、「無差別的」[5]と表現している。無差別的とは、偏見などによる差別がないという意味ではなく、公共的世界はそれを必要とするあらゆるひとに開かれており、だれもが近づくことができ、だれもが同じような仕方でそこに滞在できる、ということを意味している。しかし、だれにとっても均一であることは、同時に、個々人とは一定の距離を保っていることでもある。施設の子どもたちの生活は、こうした無差別的な側面を、いくらかはそなえざるをえない。

たとえば、ホーム再編成でホームの顔ぶれが毎年変わることは、ホームがだれに対しても開かれていると同時に、だれにとっても恒常的な住まいの場ではないことを意味している。また、ホームにある道具の多く、たとえば、子ども部屋にそなえつけてある勉強机、ベッド、食器、タオルなどは、そこで暮らすだれもが使えるという意味で、かなりの程度無差別な共用の道具である。このことは、ケアワーカーが子どもたちに対して、「次にほかの子が使うんだから、○○を大事に使ってね」、という言い方をすることからもうかがえる。道具がこうした無差別性をおびている以上、子どもたちは、現在は自分の物である道具を使って自分の可能性を実現していても、自分はこの道具を使うであろう無数のひとびとのなかの一人に過ぎないという、いくらかのあじけなさや、不満足感を味わわざるをえなくなる。

このように施設は、日々の生活においては子どもたちにとっての家庭的世界であり、そうあることをめざしながらも、同時に、公共的世界の側面をそなえざるをえない、という複雑さをはらんでいる。入所したばかりの子どもには、ホームのほとんどの道具は、無差別的なものとして出会われるであろうし、ホームにそなわる公共的世界の側面が際立って感じられるであろう。だからこそ子どもたちは、使い方をすでによく知っている道具であっても、ホームにある特定のその道具になれ親しむまでは、安心して使うことができない。ホームのいたるところで幽霊のような影を見た少女のように、また、フトンで眠ることができなかった凛ちゃんのように、子どもたちにとって、なれ親しめるようになるまでのホームや身のまわりの道具は、気味が悪いものでさえあるのかもしれない。

たしかに、入所当時の凛ちゃんの姿は、幼稚園や小学校に入ったばかりで、家とは別人のように固まってしまう子どもたちの姿と重なる。しかし、こうした子どもたちにとって、幼稚園や小学校はあくまでも公共的世界であり、彼らには、帰るべき家という家庭的世界がある。他方、凛ちゃんをはじめとする施設の子どもの場合、公共的世界としての側面がいくら際立っていたとしても、ホームこそが家庭的世界となるべき住まいの場であり、ほかに帰るところはない。凛ちゃんのような幼い子どもであっても、この状況がわかるからこそ、彼らの苦しみや辛《つら》さはいっそう強くなる。そのため、彼らは、自分の可能性を実現できずにその場に立ちすくむしか、あるいは、後でみていくように、精神的な調子を大きくくずすしか、なくなってしまうのであろう。

子どもたちのこうした姿からは、道具をなれ親しんだ仕方で使えることが、ある場を家庭的世界としてそこに安心して住まえることでもある、ということがみえてくる。私たちにとって道具は、そのつどの自分の可能性を実現するためだけではなく、ある場で充実して生きるために、必要なものなのである。しかし施設の子どもたちは、だれの物でもあるためにだれの物でもないという、無差別的な共用の道具にかこまれている。だからこそ、彼らがそのつどの自分の可能性を実現し、ホームで充実した日々を過ごすことに対して、自分だけの道具が、重要な意味をもつことになる。

自分だけの道具

新しく入所してきた子どもに、ホームのケアワーカーは、その子どもの好みに合わせて、ハシ、茶わん、コップ、枕といった、その子どもだけの道具を準備する。そのため、ケアワーカーや筆者が、子どもの食事道具を食卓に間違えてそろえたときには、その子どもは、「私のはそれじゃない！」、とかなり強い拒絶を示したり、「お姉さん、僕のおハシわからないの？」、と悲しむことになる。というのも、自分だけの道具を間違われることで、子どもたちは、無差別的な共用の道具に対応する、いわゆる顔のないだれでもいい存在に自分がなってしまったかのような、あじけなさや寂しさを味わわされるからである。

また、多くの子どもたちは、自分の家庭や乳児院といった以前の生活の場から、タオルケットやぬいぐるみといった自分だけの道具をもってきて、ずっと大切にしている。たとえば、第4節で登場する真輝君は、入所して数ヶ月のころ（当時2歳5ヵ月）、紙ぶくろ一つにおさめられた彼だけの道具を、筆者に見せてくれたことがある。真輝君は、「まーくんの」、と嬉しそうにほほえみながら、オモチャやぬいぐるみなどを、自分のまわりに一つひとつていねいに並べていった。当時の真輝君が一番大切にしていた、ドラえもんのリュックサックは、彼の入所が決まったときに乳児院にはじめて面会に行ったケアワーカーからの、プレゼントだったそうである。このリュックサックは、10年以上たった現在でも、真輝君のベッドの枕もとにおかれている。真輝君は、ホームで生活するなかで一つひとつふえていく自分だけの道具を足がかりとして、ホームを自分の家庭的世界として、なじんでいったのであろう。

施設で暮らしている以上、子どもたちは、自宅にもどる子どもとの別れ、ケアワーカーの退職や異動、共に暮らしてきた子どものホーム移動、自分自身のホーム移動などを経験する。事実、真輝君にリュックサックをプレゼントしたケアワーカーも、数年前に退職している。こうした状況にある子どもたちにとって、年月がたっても変わらずに自分のそばにありつづけるのは、自分だけの道具のみである、といっても過言ではない。そうである以上、施設で暮らすすべての子どもたちにとって、自分だけの道具は、それらを場に配置することによって、その場の公共的な性格が薄まり、家庭的な温かみや守られている感じが強まる、と言いうるほどの、大きな意味をそなえていることになる。自分の道具にこだわることは、施設にそなわる公共的世界の側面に対抗するための、つまり施設を自分の居場所にしていくための、子どもたちの能動的な努力なのである。

第2節　自分だけの道具への想い

前節では、子どもたちにとって施設が、かつての生育環境から一人で移ってきて、一人でなれ親しむ必要のある場であること、しかも施設は、家庭的でありながらも公共的であるという複雑さをそなえていること、だからこそ、子どもたちが施設になれ親しむときに、自分だけの道具が重要な役割をはたすことが、明らかとなった。そこで本節では、凛ちゃんの事例に即しながら、子どもが、共用の道具に甘んじるのではなく、自分だけの道具にこだわることの意味について、さらにみていきたい。

【凛のコップじゃなきゃいやだ！】

となりに座って昼食を食べていると、凛ちゃん（5歳2ヵ月）が、「お茶ください」、と言う。私（＝筆者、以下同様）が、手近にあった共用のガラスコップに麦茶をくんでもっていくと、凛ちゃんは顔をしかめて、「違う、それじゃない」、と言う。「これにそそいじゃったから、これで飲んでよ」、と私が気軽に言うと、凛ちゃんはさらに眉をしかめて、「凛のコップじゃなきゃいやだ！　飲まない！」、とガラスコップを手で乱暴に押しやってしまう。「わかりましたよ…」と、私が苦笑しながら食器棚に向かうと、凛ちゃんは嬉しそうににっこりと笑う。

食器棚には、凛ちゃんのコップがいくつか並んでいるため、私は迷ってしまう。キャラクターの顔がかたどられたマグカップを手にして、「これ?」、と凛ちゃんにかかげると、彼女はすました顔でかぶりをふる。「じゃあ、これ?」、とプラスチックのコップをかかげると、凛ちゃんはふたたびかぶりをふる。「う~ん。…じゃあ、これ?」、とキャラクターのついた陶器のコップを示すと、凛ちゃんはにっこりと笑ってうなずく。新たなコップに麦茶をそそぎかえて食卓におくと、凛ちゃんは満面の笑みを浮かべながら、「ありがとう」と言い、おいしそうにゴクゴクとのどを鳴らして麦茶を飲む。それから凛ちゃんは、食事もおいしそうに残さず食べた。

道具の全体としての適切さ

この事例において、凛ちゃんがめざしているのは、麦茶でのどをうるおした後で食事をおいしく食べる、という可能性を実現することである。そのためには、食器棚におかれているコップを選び、そのコップに麦茶のボトルから麦茶をそそぎ、そのコップを彼女の座っている食卓の上におく、という、一連の可能性が実現されなければならない。

このとき、コップは食器棚に片づけられており、麦茶のボトルは冷蔵庫で冷やされている、というように、可能性を実現するための道具は、その機能を十分に発揮すべく、ふさわしい場所に、ふさわしい仕方でおさめられている。このような道具のあり方を、ハイデガーは、「適切さ」[6]と呼んでいる。さらに、食器棚からコップを選び、冷蔵庫から麦茶のボトルをとりだし、そのコップに麦茶をそそぐ場合に典型的となるように、ある道具の適切さは、ほかの道具の適切さへと次々につながっていく。このように道具が、相互につながり合い、関連し合いながら働いている事態を、ハイデガーは、「全体としての適切さ」[7]と名づけている。

このように、適切さを発揮できるように配置された道具間のつながり合いの網の目、つまり、全体としての道具の適切さが、キッチンやダイニングルームといった場を構成している。凛ちゃんが麦茶を飲む場合であれば、食器棚からコップ、麦茶のそそがれたコップから食卓、食卓からその上に並べられるさまざまな食器、食器からそのなかにもられる食べ物、というように、道具の適切さが次々につながり合っている。凛ちゃんが麦茶を飲むことにまつわる道具のこうしたつながり合いは、最終的には、食事をおいしく食べるという、彼女自身のための目的に行きつく[8]。この目的のために相互につながり合い働き合っている道具は、その場そのものを構成している、道具のつながり合いの網の目の一部をなしている。したがって、凛ちゃんが麦茶を飲むことによって、道具のつながり合いがある目的に行きつくとき、ダイニングルームやキッチンをふくめたホーム全体が、安心しておいしく食事をとれる場であることが、凛ちゃんに実感されることになる。このように、道具を用いてそのつどの自分の可能性を実現していくなかで、全体としての道具の適切さのありようと、自分の住まっている世界の意義とが、私たちにおのずと開かれてくるのである[9]。

おとなの役割

凛ちゃんが麦茶を飲むことにまつわる道具のつながり合いは、最終的に、彼女自身の可能性の実現という目的に行きついた。だがその実現のためには、コップを選び、それに麦茶をくんで彼女に手わたすという、筆者の関わりが必要であった。

筆者のこうした関わりは、凛ちゃんのなすべきことを代わりに引き受けることである。とくに、凛ちゃんのような幼い子どもは、自分のなんらかの可能性を実現するときに、しばしば、他者からのこうした配慮を必要とする。こうした関わりは、ハイデガーの言葉を借りれば、他者への「配慮」の一つである、「尽力しつつ支配している」[10]配慮にあてはまる[11]。そのため、場合によっては、この事例のように、可能性の実現をめざす子どもと、その子どもに配慮する他者とのあいだで、少なからぬ齟齬《そご》が生じることになってしまう。しかも、ホームでは、４人のケアワーカーが交代で勤務しているため、それぞれのケアワーカーによって、尽力的な配慮の仕方が異なることになる。

たしかに、家庭においても、母親、父親、祖父母などによって、子どもへの尽力的な配慮の仕方が異なっている。しかしたとえば、家事を主として担当しているのが母親であるとすれば、その場合、母親の尽力的な配慮がもっともスムーズに実現されうるように配置されている道具のつながり合いの網の目と、それによって発揮される全体としての道具の適切さが、子どもたちにとって基盤となる。したがって、父親や祖父母の尽力的な配慮の仕方は、母親のそれとの違いとして、たとえば、カレーライスをもりつける皿が「お母さんのときとは違うけど、まあいいか」、といった仕方で、子どもたちに受けとられることになる。

他方、施設では、複数のケアワーカーが日がわりで、子どもにとって同じ重みをもった仕方で、家事や養育の業務を担当する。ホームという物理的な空間にはなにも変わりがなくても、それぞれのケアワーカーの尽力的な配慮のあり方によって、特定の道具間のつながり合いと、全体としての道具の適切さのありようは、さまざまに異なってくる。たとえば、先の事例において、筆者は、共用のコップに麦茶を一度そそいでから、凛ちゃんの願いに応じて、彼女が望むコップにそそぎなおすことになった。しかし、4人のケアワーカーはそれぞれ、最初から凛ちゃんの望むコップを選ぶ、共用のコップで飲むよう彼女をさとす、あるいはそもそも、自分で麦茶を入れるようようながす、といった異なる配慮をするだろう。したがって、凛ちゃんをはじめとする子どもたちは、ケアワーカーのあり方に応じた道具のつながり合いの違いと、そこから波及する全体としての道具の適切さのありようの違いを、そのつど根本的に異なったものとして体験せざるをえなくなる。

第2節　自分だけの道具への想い

そうである以上、家庭と施設とにおいて、子どもの意に添わない尽力的な配慮がほぼ同様の仕方でなされたとしても、子どものこうむる失望の大きさは異なることになる。というのも、施設で暮らす子どもは、ケアワーカーの数だけ存在する全体としての道具の適切さのありようのいずれか一つを、基底的な基準とはできないからである。そのため、ケアワーカーの尽力的な配慮の仕方のささいな違いが、子どもたちにとっては、「○○お姉さんのときとは違うけど、まあいいか」、とはならず、そのつどホームそのものの意義や現われの違いとなってしまうのである。ここにも、家庭的世界でありながらも、公共的世界の側面をそなえざるをえないという、施設の複雑さの影響がうかがえる。このように、施設で暮らす子どもたちの可能性を実現するための道具間のつながり合いの網の目は、複数あって一つに定まらないという意味で、不安定さをはらんでいる。そして、こうした不安定さに、子どもたちはときとしてふりまわされてしまうのである。

たとえばホームでは、一人ひとりの子ども専用のおやつ皿がある。ある少女（小学４年生）は、友人宅で遊んでからホームに帰ったときに、自分のおやつ皿が準備されていなかったためひどく泣きだし、ホームから出ていってしまった。彼女によると、ほかのケアワーカーは、外出した子どもにもおやつを準備するし、その日の担当ケアワーカーも、ほかの子どもが外出したときには、おやつを準備していたそうである。にもかかわらず、自分にはおやつが準備されなかったことで、彼女は強いショックを受けたようであった。筆者がそのケアワーカーに確認したところ、外出した子どもにおやつを準備するかどうかについては、ホーム内で統一のルールを決めているわけではなく、自分も今日はたまたま準備しなかった、とのことであった。

このように子どもたちは、ホームのケアワーカーの交代によって、あるいはときには、ある一人のケアワーカーの場合であっても、道具のつながり合いの網の目の変化として、優劣のつけがたい仕方で、そのつど体験することになる。ハイデガーによれば、道具のつながり合いによって構成されている場こそが、個々の道具を、適切さというあり方で私たちに出会わせる基盤である[12]。子どもたちにとってホームは、そのつどなんらかの道具と関わりながら自分の可能性を実現しつづけている彼らの日常的なあり方を、その根底で支えている基盤である。だからこそ、ホームの現われの変化は、たとえそれがささいなものであっても、子どもたちがホームに感じている親しみや安心感に、影響を与える。つまり、ホームの現われの不安定さによって、子どもたちは、そこに親しみつつ安心して住まうことに、いつもどこか不安定さを感じてしまうのである。

先述の少女は、自分のおやつが準備されていないことで、自分が忘れられてしまったように、自分の帰宅が歓迎されていないように、感じたのであろう。彼女にとって、おやつ皿がおかれてみんながくつろいでいるダイニングは、もはや親しめる居場所ではなくなってしまう。だからこそ彼女は、ホームをとび出してしまったのであろう。おやつを準備するといった日々のささいな営みが、子どもたちにとっての場の現われや、場への親しみにつながっている以上、子どもたちは、毎日、何度も、この少女のような立場におかれていることになる。おそらくたいていの場合、子どもたちは、あじけなさや寂しさや親しめなさを感じても、それを甘受しているのであろう。しかし、甘受しつづけてたえきれなくなったり、精神的な調子をくずすなどなんらかのきっかけで、この少女のように、辛さや哀しみや疎外感におそわれてしまうのではないだろうか。

さまざまな家庭的背景や境遇《きょうぐう》を背負って施設で暮らしている子どもたちにとって、自分は大切にされている、しかも、たくさんのひとが自分を支え見守ってくれている、という想いをたしかにもてることが、再出発の第一歩になる。しかし施設には、無差別的な公共的世界の側面がそなわっているため、子どもたちが、〈自分のことなどだれも大切に思っていないのではないか〉、〈自分はみんなのなかの一人に過ぎないのではないか〉、と感じてしまうような場面がどうしてもでてきてしまう。そうした場面を少しでも減らすことができるのが、ケアワーカーのこまやかな尽力的な配慮なのである。麦茶を共用のコップにそそいだり、おやつを準備し忘れたりすることは、おとなにとっては、ささいな出来事である。事実、子どものコップにそそぎかえたり、後からおやつをだせば、凛ちゃんのように、たいていの子どもはゆるしてくれる。しかし、たとえ短い時間であるとしても、子どもたちが、ホームにそなわる不安定さに直面したことに変わりはない。したがって、そのつどの問題がすぐに解決されたとしても、そのことでもって、子どもたちにとってのホームの不安定さは解消されず、むしろそれらが持続する。あるいは、より強化されることになってしまう。

そうであるからこそ、子どもと関わる私たちおとなは、自分の一つひとつの関わりが子どもにとってどのような意味をもつのか、自分の関わりがほかのおとなの関わりと矛盾するものでないかを、つねに考えつつ行動する必要がある。また、施設において統一したケアのあり方が探られるのは、ケアワーカーが、そうしたことの大切さを、経験のなかで実感しているからであろう。

自分だけの道具へのこだわり

共用の道具と自分だけの道具のいずれを用いても、そのつどの自分の可能性を実現することはできる。しかし、ここまでみてきたように、ホームでのどのような営みにも、公共的世界の無差別性が影響を与えている。共用のコップでお茶を飲むとき、凛ちゃんは、自分とほかの子どもとが無差別的になり、自分の可能性さえ無差別的になってしまうような、あじけなさや寂しさを味わうことになるだろう。子どもたちにとって、道具のつながり合いによって構成されている日常のささいな営みの場そのものの不安定さが、たえず問題とならざるをえない。こうした子どもたちにとって、共用の道具を用いることにともなう場の現われの変化は、彼らがそこに安心して住まうことを脅《おびや》かしかねないほどの、由々しさをそなえているのである。

だからこそ、凛ちゃんの例に典型的に示されるように、子どもたちは、共用の道具に甘んじるのではなく自分の道具にこだわり、場の現われをいくらかでも一定にしようと努力する。あるいは、自分の可能性の実現のされ方を、少しでも親しみ深く充実したものにしようと努力する。というのも、ホームが自分の生活の基盤であり、帰るべき場所であることを、子どもたちが一番よくわかっているからである。したがって、一見するとわがままであったり、過敏であるように思われる子どもたちのふるまいは、ホームにそなわる公共的な側面にたち向かうことによってホームを自分の居場所にしようとする、彼らの能動的な試みである、と理解できるのである。

第3節　ホームにそなわる不安定さ

前節でみたように、子どもにとって自分だけの道具は、自分の可能性を充実した仕方で実現することに、さらには、ホームを自分の居場所とすることに、寄与している。だから、自分だけの道具をなくしてしまった場合、次の事例が典型的に示しているように、子どもたちは精神的な調子を大きくくずしてしまうことになる。子どもたちのこうしたあり方からは、道具がふさわしい場所にふさわしい仕方でおさめられ、全体としての道具の適切さが充分に発揮されていることの、子どもにとっての重要性がみえてくる。

【プリントの紛失】

広君（小学2年生）と一緒に、学校の宿題のプリントを探す。部屋の床には、ふたが開いて中身がこぼれでたランドセル、ぬいだままの衣服、マンガ本やオモチャなどが転がっており、足のふみ場もない。広君は、「ない〜、ない〜、机の上においたはずなのに〜」、と泣きだしそうな声をあげながら、勉強机の上に山づみになっているオモチャや、教科書類をかきまわす。私がランドセルの中身を確認すると、教科書にはさまれて破れかけているプリントや、底にぐしゃぐしゃにつめこまれているプリントは何枚も見つかるが、そのプリントではない。まなじりをつりあげた広君は、「ない！ないと困るんだよ！」、とさけびながら、本棚の中身を乱暴にだしたり、フトンや枕を床に投げ落とす。「机の上においたはずなんでしょう？ 机をきれいに片づけたらでてくるかもよ」、と私がさとすように声をかけると、広君は、「さっき探したけど、なかったんだよ！」、と大声をだす。二人で手分けして部屋中を探すが、広君の探しているプリントは見つからない。涙ぐんでいる広君は、ふたたび勉強机の前に立つと、「…もういやだ！」、とさけび、机の上にある物をすべて床に落とし、部屋をとび出してしまう。

第3節 ホームにそなわる不安定さ

広君だけではなく、施設で暮らすかなり多くの子どもが、道具が適切な場所におさまっていない、いわば乱雑な部屋で暮らしている。たとえば小学生の男の子たちは、だれかの部屋に集まって携帯ゲーム機で遊んでいるときに、枕やかけブトンやぬいぐるみを床に落とし、クッション代わりにして座っていた。また、ある少女（高校1年生）の部屋では、フトンがいつもしかれたままになっており、勉強道具、マンガ本、ぬいだままの衣類、お菓子などのゴミで、足のふみ場もないほどであった。

たしかに、一見すると、広君をはじめとする多くの子どもたちは、乱雑な部屋でも支障なく暮らしているようにみえる。しかし、たとえば、マンガ本が本棚に整理されていないため、子どもたちは、その本が何巻めであるかにかかわらず、床に落ちている手近な同じ本だけをくり返し読む。本棚が整理されて同じシリーズのマンガ本が巻ごとに並んでいれば、子どもたちは、互いにつながり合っている本のなかから、読みたい巻を見つけることができる。しかし床に落ちているマンガ本を読む場合には、そうしたつながり合いが限定されてしまう。そのため、マンガ本を読んで楽しむという子どもの可能性も、限定されたあじけないものとなってしまう。

乱雑な部屋では、このように、道具のつながり合いの広がりが限定されていたり、寸断された断片的なものになっている。したがって、子どもたちが乱雑な部屋で問題なく暮らしているようにみえても、彼らは、その場に親しみつつ安定した仕方で住まっているのでもなければ、そのつどの自分の可能性を、充分な仕方で実現しているのでもない。ただ、個々の道具を出会わせる基盤が不安定であることや、そこで実現されうる自分の可能性が限定されていることが、日常的に子どもたちにおおい隠されているだけなのである。したがって、広君の事例が典型的に示しているように、自分の可能性の実現がなんらかの仕方で妨げられた場合には、たちどころに、基盤としての場にそなわる不安定さが際立ってくることになる。

場の不安定さの際立ち

コップでお茶を飲む場合とは違って、宿題のプリントは、ほかのプリントを代わりにすることが不可能である。したがって、そのプリントが見つからなければ、広君は宿題をして学校にもっていくという一連の可能性を実現できなくなってしまう。通常なら、ランドセルのなかにプリントファイルが入っており、プリントファイルのなかに宿題のプリントがあり、そのプリントが勉強机にのせられ、といった、道具のつながり合いができている。そのため、見つからないプリントは、それにまつわる道具のつながり合いが破たんしていることを、あるいは、かなり限定された範囲にかぎられてしまうことを、際立たせることになる[13]。

しかし、経験的にも実感できるように、通常は、道具のつながり合いの一つの破たんが明らかになっても、そのことが、場そのものを構成している全体としての道具の適切さの崩壊へと波及することはほとんどない。広君のように、宿題のプリントが見つからないことをきっかけとして、本棚の本を乱暴にだしたり、かけブトンや枕を床に落としたりなど、部屋中を荒らしてしまうことはほとんどない。というのも、ハイデガーがいうように、通常私たちは、道具がこわれていて使えなかったり、見あたらなかったりする状況に甘んじることができるからである[14]。つまり、道具のつながり合いの一つが破たんしていても、その原因となっている道具を点検したり、破たんしている部分を別の道具でおぎなったり、別のつながり合いを介したりして、自分の可能性の実現をめざすことができるからである。

だが広君にとって、自分の部屋は、もはや彼を支える基盤ではなくなってしまう。広君は、宿題のプリントがないという状況に、甘んじることができない。このときの広君は、プリントの問題を解くという自分の可能性が閉ざされて、向かう先を見失っている。

さらに広君の部屋は、彼を支える基盤として機能しなくなっただけではない。道具についてのハイデガーの記述を手がかりとしながら私たちの日常生活をとらえなおすなかで、中田は、「適切さを発揮できる様々な道具の配置」が、「当の人間が自分自身のあり方をどのように捉えているのか、つまり自分の生をどのように充実させようとしたり、慈しんでいるのかをも、暴きだしている」[15]、と述べている。あるいは、「道具の配置そのものに、住人の生き方が刻み込まれている」[16]、と指摘している。部屋が適切な仕方で整理されているかどうかは、現在だけではなく、過去における住人のあり方をも、映しだしているのである。

つまり、プリントを探しているときの広君は、プリントがないという危機的な状況だけではなく、道具をふさわしい場所に片づけるという仕方で慈しんでこなかったこれまでの自分のあり方にも、直面させられているのである。部屋中をかきまわしながら、広君は、プリントの発見をはばむように手にふれてくるさまざまな道具から、これまでの扱いについて非難されているように感じていたであろう。しかも、そうした非難は、広君が自分自身を慈しんでこなかったことに対する非難でもある。だからこそ広君は、居心地の悪さ、プリントが見つからないいらだち、自分を大切にしてこなかった後ろめたさが混ざり合った複雑な感情につき動かされ、部屋をとび出してしまうことになった。

家事を介した子どもへの働きかけ

適切さを発揮できるように道具を配置することが、自分の生を充実させ慈しむことであるならば、子ども部屋を片づけたり、ホームを居心地良くととのえるというケアワーカーの営みは、ホームでの子どもの再出発に、大きな役割をはたしていることになる。

先に述べたように、ホームの暮らしのなかで、自分は多くのひとから大切にされていると実感できることが、子どもたちの再出発の第一歩となる。と同時に、子どもたちが、自分で自分のことを大切にできるようになることも、同じくらい大切である。そして、自分で自分を大切にできるようになるきっかけは、自分の部屋をいつも片づいた状態に保てることにある、といっても過言ではないであろう。中田の言葉を借りれば、部屋を片づけられない子どもたちは、自分の生を充実させ慈しむ仕方を、これまでだれからも教えられなかったのだろう。子どもたちは、施設で暮らすまでのあいだ、自分の生を充実させ慈しむという感覚さえ、もっていなかったのかもしれない。

多くの子どもたちは、ケアワーカーが自分の部屋を片づけてくれたり、ケアワーカーと一緒に自分の部屋片づけをするという経験をつみ重ねるなかで、自分の生を充実させ慈しむ仕方を、はじめて学ぶことになる[17]。さらには、ホームの家事にはげむケアワーカーの姿から、子どもたちは、どのようにして自分の生を充実させたり慈しんだりすればいいのかを、間接的に学んでもいるはずである。子どもの部屋を片づけることや、ホームを住み心地良くととのえることは、通常考えられているように、清潔さや子どもの健康に寄与しているだけではなく、子どもの生き方そのものに大きな影響を与える働きかけなのである。

筆者がA学園を訪問するようになってまもないころ、当時のケアワーカーから、「子どもたちの生活にとって、家事はとても大切です」、という言葉を聞いた。全体としての道具の適切さが発揮されるようホームをととのえることが、ホームを子どもたちの基盤としての居場所にすることにつながっている、という実感を、ケアワーカーはこの言葉で表現したのであろう。また、別のケアワーカーからは、おとなが「食べ物の好ききらいを表にだしてはいけない」、と教えてもらった。というのも、ホームのおとなが食べ物をより好みしている姿を見た子どもは、食べ物の好ききらいをしてもいい、と思ってしまう。すると、その子どもが成長して自分で食事を作るようになったときに、きらいな食べ物は食卓にださなくなる。そうなると、その子どもが親となる子どもも、食べつけていないその食べ物を、きらいになるかもしれないからである。こうした長期的な展望のもと、ケアワーカーは、生を充実させ慈しむ仕方を、自分のふるまいでもって子どもたちに伝えようとしていたのである。

ケアワーカーたちのこうした働きかけは、これまでの養育環境とは異なる新たな生き方を子どもたちに刻みこむ力をもっている。ホームでのケアワーカーのさまざまな働きかけは、尽力的な配慮であるだけではなく、ハイデガーのいうところの、みずから手本を示すことで、他者が自分の生を充実して生きるための手助けをする配慮の側面をも、そなえている[18]。

施設にそなわる不安定さ

広君の場合、道具のつながり合いの一つが破たんしたことが、場そのものが基盤として機能しなくなることへと波及していった。筆者の経験したかぎりでも、広君だけではなく、ホームで暮らす多くの子どもたちが、自分の物が見つからないことをきっかけとして、一緒に探しているケアワーカーに暴力をふるうほどのパニックをおこしてしまったり、精神的な調子を大きくくずしてしまうことが多々あった。そしてその結果、彼らは、部屋やホームからとび出してしまう。また、ケアワーカーにしかられたり、自分の願いが聞きとどけられなかったり、〈自分のことをだれも大切に思っていないのではないか〉、と感じてしまうような出来事に直面したときにも、子どもたちは、ホームからとび出してしまう。こういうとき、子どもたちにとって、自分の部屋やホームは、もはや安心できる居場所ではなくなっている。不登校や引きこもりの子どもが自分の部屋から出てこないのに対し、施設で暮らす子どもたちは、なんらかの問題が生じたときに自分の部屋にこもるのではなく、部屋やホームから出ていってしまう。なんらかの問題が生じてしまったとき、子どもたちにとって、自分の部屋やホームが自分の存在を支えてくれる基盤ではなくなってしまうことが、ここに如実に示されている。

自分の部屋やホームにそなわるこうした不安定さは、子どもたちが毎年1回は部屋がえを体験することと、密接に関連しているのではないだろうか。普通の家庭のように、自分だけの道具がそなえつけられている同じ部屋に長期間住みつづける場合とは異なり、施設では、その部屋に1年間しか住まない確率の高いことが、子どもたちにもあらかじめわかっている。したがって子どもたちの住まい方や、自分を支える基盤としての部屋に対する想いや親しみ深さの度合いも、住まう期間にふさわしいあり方にならざるをえない。ホームのありようは、一定的でも恒常的でもないのに加え、だれに対しても開かれているという意味で無差別的である。このことが、道具をその適切さが発揮できるための場所に片づけるという仕方で慈しむことや、場に親しんで安住することが難しい、という子どものあり方に、間接的にせよ影響しているのである。

そこで次節では、子どもたちの日常的なあり方に影響を与えている、年度の移行時におけるホーム再編成に関わるいくつかのエピソードに基づいて、彼らにとっての自分の部屋のありようや、自分だけの道具にそなわる役割を、さらに探っていきたい。

第４節　自分の居場所を求めて

第2節でみた凛ちゃんの例のように、特定の道具のつながり合いや、全体としての道具の適切さのありよう次第で、可能性の実現のされ方がさまざまに変わってくる。子どもたちは、毎年度のホーム再編成により、ホームの道具の配置や、ホーム全員に共有されるホームのありようの大きな変化を経験する。あるいは子どもたちは、担当のケアワーカーが変わるごとに、そのケアワーカーの尽力的な配慮の仕方に応じて、自分の可能性の実現の仕方を変えざるをえない。さらには、子どもも自身が別のホームに移動した場合には、まず、新しいホームという生活基盤と、それを構成している全体としての道具の適切さのありようになれていかなければならない。と同時に、子どもは、自分の道具を適切な場所に片づけることによって、全体としての適切さが発揮される道具のつながり合いの網の目を、自分なりにつくりださなければならない。

施設で暮らすほとんどの子どもたちにとって、こうした営みは、かなりの困難をともなう。毎年2月を過ぎたころから、自分はホームを移動するのか、新しいホームのメンバーはだれになるのか、ケアワーカーの異動や退職はあるのかと、子どもたちはそわそわしはじめる。週に1～2回しか訪れない筆者に対しても、「大塚お姉さんは４月からもいるよね?」と、毎年、何人もの子どもが確認してくる。部屋の移動やホーム移動にそなえて、自発的に部屋片づけをはじめる子どももいる。４月になり、新年度のホームでの生活がはじまっても、子どもたちがすぐに落ちつくわけではない。ホーム全体が、浮き足だった落ちつかない雰囲気に満たされており、子どもたちは、いつもならば気にかけないような出来事に動揺し、ケンカをはじめたり、パニックになったり、突然泣きだしたりする。「はじめに」でもふれたように、「去年の方がよかった」、「前よりずっと過ごしやすくなった」、と子どもたちが言いはじめるのも、この時期である。そして、６月ごろになってようやく穏やかな日々がもどってくる、というのが、筆者の実感である。

そこで本節では、ホームや部屋の移動にそなえて部屋片づけをしている子どもの事例とエピソードに基づきながら、自分の道具を整理することや、ホームを移動することが、子どもたちにとってどのような意味をもっているのかを探りたい。

【真輝君の部屋片づけ】

同室の一郎君（中学１年生）が、いらなくなった教科書などを片づけはじめたことに触発されたのか、真輝君（小学４年生）も、急に部屋片づけをはじめる。真輝君は、本棚や勉強机に無造作におかれていた絵、オモチャ、小さなぬいぐるみなどをすべて床に広げ、必要な物と不要な物とを熱心に分けている。「まーくん、私も手伝おうか?」、と私が言うと、真輝君は真剣な表情でうなずき、「お姉さんは本棚を整理して。僕はいる物といらない物に分けるから」、と言う。真輝君は、床におかれている物を一つひとつ拾いあげ、必要な物はあるべき場所におさめ、不要な物はゴミ箱に捨てていく。私が担当した本棚からは、短くなったエンピツ、かつての学習プリント、オモチャの一部などがでてくる。そのたびに、「まーくん、これはどうする?」、と私がたずねると、真輝君は、「う〜ん」と考えこんだ後、「…これはとっとく」、あるいは、「…いいや。これは捨てる」、と判断していく。これまでは捨てられずに残しておいた絵やオモチャの一部も、真輝君は思いきって捨てていく。シールやポスターやぬいぐるみなどの必要な物は、シールは勉強机の引きだし、ポスターは壁、ぬいぐるみはベッドの枕もとというように、所定の場所におさめていく。部屋片づけが一段落すると、真輝君の勉強机やベッドや本棚は、見違えるほどきれいになった。

部屋片づけの意味

真輝君は、ホームを移動するかもしれない、ホームは移動しなくても、部屋は移動するかもしれない、ホームも部屋も移動しないかもしれない、といった不確定な状況のなか、突然、部屋を片づけはじめる。真輝君の部屋は、先に述べた広君の部屋ほど乱雑ではないが、勉強机の上や本棚のなかには、オモチャやプリントといったさまざまな物が、整理されずにつみ重ねられていた。彼の部屋を構成する一部として、これまでは目立たずに親しまれてきたであろうこうした自分だけの道具一つひとつを、真輝君はていねいに吟味していく。

ホームや部屋を移動するかどうかにかかわらず、4月からは、これまでとは異なる生活がはじまる。したがって、真輝君にとって、部屋を片づける作業は、これまで目立つことのなかった道具のつながり合いをみなおし、それぞれの道具の適切さを発揮させるべく、新たなつながり合いの網の目を能動的につくりだす作業でもある。つまり、こうした作業は、新たな生活基盤で自分がめざすべきあり方へと向き合う作業である、といえる。というのも、先に述べたように、私たちは、道具を用いることで自分の可能性を実現するのであり、自分の身のまわりにどの道具をどのように配置するのかに応じて、自分のあり方が決まってくるからである。たとえば、こわれたオモチャを捨てると判断するとき、真輝君は、そのオモチャを使って遊ぶ必要のないあり方、自分の手もとに残しておく必要のないあり方をめざしている。と同時に、必要であると判断した道具、たとえば、ポスターやぬいぐるみを、それぞれ適切な場所に配置しなおすことにより、これからもそれらにかこまれながら安心して寝ることができ、自分の生を充実させ、慈しむことができる。

さらに、こうした作業は同時に、過去の自分のあり方と向き合う作業でもある。真輝君が、それまでこわれたオモチャを捨てられずにいたのは、このオモチャがかつて、こわれるほどよく使った道具であり、今はいないだれかと一緒に遊んだ道具だからである。このオモチャに、真輝君の過去の思い出が息づいているからである。だからこそ真輝君は、一つひとつの道具を捨てるかどうかについて、時間をかけて悩んでいたのであろう。

　こうした作業は、すべての子どもが、毎年おこなわなければならない作業である。したがって、前節の広君のように、乱雑な部屋で暮らしている子どもであっても、ホーム再編成の時期には、部屋を片づけるという自分の能動的な行為を介して、自分の未来のあり方と過去のあり方に向き合うことになる。と同時に、子どもたちは、自分の道具や、1年間過ごしてきた自分の部屋や、自分自身の生そのものを慈しむ機会を、改めて得ることになる。

　第2節でふれたように、自分の部屋という場は、道具のつながり合いによって構成されていると同時に、個々の道具を適切なあり方で私たちに出会わせる基盤となっている。そのため、引っこしにそなえた部屋片づけというかたちで、道具の適切なつながり合いの網の目を再構成するときには、施設にそなわる公共的世界の側面が際立ってくる。基盤としての場そのものが際立ってくるのである。事実、真輝君によって再構成された道具のつながり合いは、4月以降の新しい自分の部屋での彼のあり方を、先どりしたものとなっている。つまり真輝君にとって、現在の自分の部屋は、これからも住みつづける基盤とはもはやなっていない。しかし同時に、真輝君が、4月以降の部屋での自分のあり方をみすえて現在の部屋を片づけられるのは、ホームや部屋がどこに移ってもそこを自分の居場所にできる、という強さと確信を、彼がもっているからであろう。そうした強さと確信は、自分の道具にこだわるといった能動的な努力や、ケアワーカーの支えによって、毎年のホーム再編成にともなう不安定さや公共的側面の際立ちをのりこえ、そのつどのホームや部屋を自分の居場所としてきたなかで培われてきたのであろう。

しかし、自分の部屋やホームが恒常性をそなえた安定した基盤ではない、ということに直面しつつのりこえることは、多くの子どもたちにとって容易ではない。だからこそ、ホーム再編成に際し、ケアワーカーにうながされても部屋を片づけない子どもや、自分だけの道具をほとんど捨てられない子どもがでてくることになる。

過去と未来への向き合い

たとえば、10年以上暮らしたホームからの移動が決まった奈央さん（新高校1年生）の荷づくりを筆者が手伝ったとき、彼女は、中学校で配られたプリントの一枚でさえ、「いつか使うかもしれない」、と言って捨てようとしなかった。そのため、奈央さんの部屋は、かつての学習プリント、過去にケアワーカーやほかの子どもとやりとりをした手紙の束、だれかからプレゼントされたぬいぐるみなどで、足のふみ場もない状況になっていた。筆者が再三うながして、奈央さんは、プリント類など、もはやぜったいに必要にならない物にかぎっては、かなりためらいながらも、ようやく捨てることができた。

奈央さんをはじめとして、自分だけの道具をほとんど捨てられない子どもたちは、部屋片づけを介して自分の未来のあり方に向き合うことに、強い辛さや怖れを感じているのであろう。ある少女（高校2年生）は、こういう辛さや怖れを、「ホームや部屋を移動すると、そこでなにがおこるかまだわからないから怖くなる」、という言葉で表現していた。

この少女も、奈央さんも、ホーム再編成をこれまで何度も経験してきたはずである。そうしたなかで、彼女たちは、自分の部屋やホーム全体のありようがそのつど変わってしまい、自分を支えてくれるはずの基盤にそなわる不安定さが際立ってくる心細さを、何度となく味わってきたであろう。自分の部屋をふくめたホームは、不安定さに加えて、だれに対しても開かれていると同時にだれに対しても一定の距離を保っている、という公共的性格をそなえている。だからこそ、彼女たちは、4月以降もこれまでと同じように安心して住むことができるだろうかという、先のみえない心細さを感じるのである。しかし、どれほど心細さを感じていたとしても、引っこしをしないわけにはいかない。だからこそ奈央さんは、現在の部屋を構成している道具にこだわり、そのすべてをもっていこうとする。奈央さんのこのこだわりは、せめて新しい自分の部屋では、現在の部屋と同じように、すべての物がふさわしい場所に根をおろし、確固たるつながり合いの網の目をつくりだしているなかで暮らしていきたい、という強い想いの現われなのである[19]。

奈央さんをはじめとする子どもたちは、実際には毎年、新しいホームに親しんで住まうことができている。にもかかわらず、彼女たちが新たな生活に怖れや心細さを感じるのは、自分を支えてくれる基盤が4月以降も連続している、という確信がもてないからなのであろう。だからこそ、子どもとおとなが一緒に部屋を片づけることが、重要な意味をもってくる。

第4節　自分の居場所を求めて

奈央さんと筆者は、このときまで6年間にわたって一緒に過ごしてきた。そのため、奈央さんが大切にしている物の思い出の多くを、筆者は共有することができた。たとえば、かつてのケアワーカーからプレゼントされ、奈央さんが大切にしている衣服の話になり、「○○お姉さんからクリスマスにもらったんだよね。なつかしいね」、というように。筆者と一緒に確認し合ったそれぞれの道具に息づいている過去は、それらの道具が今も変わらず彼女の手もとにあるからこそ、奈央さんに、過去と現在のつながりを実感させてくれる。と同時に、それらの道具を新しい部屋にもっていくと決めることで、奈央さんは、過去から現在をへて未来へとつながる時間の流れを感じることができ、これまでも毎年そうであったように、４月以降も新しいホームや部屋に安心して住むことができるだろう、という実感を得ることができる。こうした実感は、おそらく、奈央さんが一人で部屋片づけをすることによっては得られなかったであろう。奈央さんの実感にとっては、筆者という他者と一緒に確認し合うことが、大きな意味をもっていたのである。

無事に引っこしを終えた奈央さんは、新しいホームでの生活をはじめてすぐに、新しい自分の部屋を筆者に見せてくれた。その部屋は、家具だけではなく、壁にはってあるポスターやカレンダーまで、以前の部屋と同じように配置されていた。「ポスターまで前と同じ配置なんだね」、という筆者の言葉に対して、奈央さんが、「こうしたら、あのひと〔＝ポスターにのっている彼女の好きな俳優〕がいつでも見守ってくれてるみたいでしょ」、とほほえんだのが印象的であった。

このように奈央さんは、かつて暮らしていた部屋とほぼ同じような道具のつながり合いの網の目をつくりだしている。このことは、新たな部屋が当然はらまざるをえない大きな不安定さをなんとか補強しようとする、彼女なりの試みなのであろう。先述の中田の言葉を用いれば、奈央さんは、自分だけの道具の配置を介して、新たな部屋に、これまでとこれからの自分の生き方を刻みこみ、たとえ短い期間であるとしても、この部屋を自分だけの部屋にしようと試みているのである。奈央さんのこうした住まい方や、「いつでも見守ってくれてるみたい」、という彼女の言葉からは、子どもたちにとって、基盤としての自分の部屋やホームが、少なからぬ不安定さをはらまざるをえないからこそ、こうした場に子どもが住まうときに、自分だけの道具が大きな役割をはたしていることが改めてうかがえる。

奈央さんだけではなく、施設で暮らすほとんどの子どもたちは、自分の部屋を、自分だけの道具で飾りつける。奈央さんのように、好きな芸能人のポスターを壁一面にはったり、１００点の答案や賞状を飾ったり、ベッドの上に多くのぬいぐるみを並べたり、大きな水そうで熱帯魚を飼うなど、子どもたちは、それぞれの仕方で、自分らしい部屋をつくりだす。子どもたちのこうした住まい方も、自分の部屋を親しみ深い居場所とするための、子どもたちの能動的な努力の一つである。多くの子どもたちにとって、施設が唯一の生活の基盤であり、帰ってくる場であるからこそ、そして、子どもたち自身がそのことを一番よくわかっているからこそ、彼らは、こういう努力を能動的にしつづけるのであろう。

新しいホームで暮らしはじめた奈央さんは、ホーム全員分の夕食の皿洗いを毎日おこなうなど、めざましい成長をとげたそうである。奈央さんのこうした変化は、ホーム移動やホーム再編成が子どもたちを支える基盤の不安定さや公共的な側面を際立たせるだけではなく、そうした不安定さに直面し、自分なりの仕方でそれらを克服することを介して、子どもたちが新たなあり方へと移行しうることを、示しているのではないだろうか。

付記：本章は、「道具を介して場に住まうこと」（『人間性心理学研究』第27巻第１・２号　２００９）としてすでに発表したものを、施設のありようの意味をさらに深めるため、かなり大幅に修正・補足したものである。

第2章　他者と共に暮らす

大塚　類

本章では、児童養護施設で暮らす思春期の少女たちの人間関係の〈悪さ〉に注目する。少女たちは、自分たちの関係の悪さに苦しみ、リストカットなどによってその辛《つら》さから逃れようとしたり、集団から孤立してしまう。少女たちが苦しんでいる人間関係の困難や息苦しさはなにによるのかを、彼女たちのエピソードを手がかりとしながらみていきたい。

はじめに──子どもたちの実態

児童養護施設では、さまざまな理由から自分の家庭で生活できず、児童福祉法に基づき措置されてきた1歳から20歳までの子どもたちが共に暮らしている。現在は、児童虐待《ぎゃくたい》や家庭崩壊の増加により、自分の家族への再統合が望めないまま、施設へと入所する子どもたちがふえている。また、週末や長期休暇中の家庭への外泊や、家族との面会さえかなわない子どもたちも多い。したがって、多くの子どもたちは、施設の生活のなかで、基本的な生活習慣、掃除・洗たく・料理といった家事、お金の管理などを学ぶことになる。このように施設が〈家庭〉の役割を肩代わりしているからこそ、施設を退所してからも、ケアワーカーや子どもたちに定期的に会いにくる卒園生もいる。このように施設は、子どもたちの毎日の生活の基盤であるだけではなく、彼らを社会人として自立させ、自立した後も彼らを迎え入れる場となっている。

少女たちと筆者の関わり

こうした施設の一つであるA学園で、筆者は、児童指導補助員や宿直補助員として、10年以上にわたって子どもたちと関わってきた。筆者が約1年にわたり、週1回の宿直補助をおこなっていたグループホーム（地域小規模児童養護施設、以下ホームと省略）では、中学1年生から高校2年生までの6人の少女たちが、数年後の自立をめざし、2名のケアワーカーに支えられながら、地域の一軒家で生活を共にしていた。

毎週の宿直担当日に、筆者は、夕食前にホームを訪問し、少女たちやケアワーカーと一緒に食卓をかこんだ。食後は、少女たちが自分の部屋にもどる23時まで、彼女たちと一緒にテレビ番組を見たり、宿題を手伝ったり、話をしたりして、たいていの時間を一緒に過ごした。ほとんどの少女が、程度の差はあるとしても、筆者にひざ枕をされてテレビ番組を見たい、髪をむすんでほしい、つめきり、耳かき、マッサージをしてほしいと、しばしば甘えてきた。

少女たちと密接に関わることができた期間は、約1年と短いものであった。しかし、そのあいだには、このような穏やかな関わり合いだけではなく、深夜におきだしてきて、ホームで生活する辛さを訴える少女の話を明け方まで聞いたことも何度かあった。ある少女は、深夜に、真っ暗なろうかに座りこみ、声を押さえて泣いていた。彼女を落ちつかせ、部屋に連れ帰って寝かせようとしたところ、彼女が突然、「もうここにはいられない！」、と縁側から外にとび出そうとしたため、あわてて抱きとめたこともあった。この少女は別の日にも、深夜に、「もういやだ！死にたい！」と泣きじゃくりながら、イスをたおし、本や文房具など部屋にある物を手あたりしだい壁に投げつけていた。また、ある少女の誕生日会では、数日前からの関係の悪さを少女たちが引きずっており、祝う立場である少女の一人が、機嫌《きげん》をそこねて自分の部屋に閉じこもってしまった。さらに、その閉じこもった少女について別の少女が悪口を言いつづけたため、誕生日会の主役である少女がたまらず泣きだしてしまった。筆者が、悪口を言いつづけている少女に対して、「残っている私たちだけでも、楽しい気持ちでお祝いしようよ」、と声をかけたところ、彼女は、「なにもわからないくせに、口だしするんじゃねぇ！」、と筆者をにらみつけた。彼女の言葉と表情は、今も強く印象に残っている。

少女たちの苦しみ

少女たちが精神的な調子をくずし、辛さを訴えてくるほとんどの場合、ホーム内での人間関係の悪さが引き金となっている。しかも、この人間関係の悪さは、特定の少女たちのあいだのなんらかのトラブルによるものではない。そうではなく、はっきりとしたトラブルがないにもかかわらず、ホームの全員がいいようのない居心地《いごこち》の悪さを感じており、気がつくと、少女のうちのだれかが孤立しているのである。少女たちは、こうした状況を、「雰囲気が悪い」という言葉で表現していた。この雰囲気の悪さにたえかねて、彼女たちは、自分の部屋に閉じこもる、深夜に泣きじゃくる、食べたものをすぐにもどしてしまう、リストカットや壁をなぐって自分を傷つける、といったそれぞれの仕方で、辛さから逃れようとしていた。しかも孤立している少女だけではなく、それ以外の少女たちさえもが、こうしたふるまいにおよんでいたのである。

しかし他方で、夕食や食後の団らんの時間などには、孤立している少女もふくめ、少女たちはみな、一見すると仲良く楽しそうにしていた。そのため、ケアワーカーや筆者など彼女たちと関わるおとなは、彼女たちのかかえる人間関係の困難や、彼女たちが感じている苦しみの内実を、明確にとらえられないでいた。それどころか、筆者のみるかぎり、少女たち自身も、こうした事態がなにに起因するのかわからず、苦しんでいるようであった。

彼女たちのこうした苦しみの一端には、ホームという場の特殊性があるように思われる。彼女たちは、幼児期からずっとA学園で生活している少女もいれば、中学生のときに入所してきた少女もいる、というように、それぞれに異なる家庭環境を背景にもっている。しかし多くの少女たちは、家族との面会や、自分の家庭への外泊の機会がほとんどない。したがって、彼女たちにとって、どんなに辛いことがあっても、ホームは唯一の生活の場であり、帰ってこざるをえない場なのである。しかもホームでは、数年後の自立を視野に入れた関わりがなされているため、少女たちは、ホームでの生活のなかで、基本的な生活習慣と家事全般を身につけることになる。少女たちの自立に際しては、就職先や進路の決定から、住居や家財道具の確保にいたるまで、ケアワーカーが全面的に支援する。つまり彼女たちにとってホームは、文字どおり〈家〉であり、〈家庭〉の役割をはたしている。

それにもかかわらず、少女たちにとってホームは、私たちが普通に用いる意味での〈家〉でも〈家庭〉でもない。同様に、彼女たちは家族のように暮らしてはいるけれども、血のつながった家族ではない。施設で暮らすことへの想いを、ある少女は、寂しそうなほほえみとともに以下のように語ってくれた。「自分の家族と離れて学園にきたときは、もう何年も前だけど、本当にいやで、悲しくて、毎日泣いてたよ。…今は、もうなれたけど」と。この言葉は、ホームが少女たちにとって唯一の生活基盤であり、毎日帰ってくる場所であるとしても、それでもホームは、彼女たちにとっての家や家庭にはなりえない、ということを私たちにつきつけてくる。ホームで暮らすことにともなうこうした複雑さが、少女たちの人間関係に深い影を落としているのではないだろうか[1]。

本章でみていきたいこと

食後にみんなで談笑し合う姿が典型的に示しているように、少女たちは、ホームが自分の拠りどころ、居場所となるようにと、日々心をくだいている。しかし彼女たちは、関係を維持しようと努力しながら居心地の悪さを感じたり、ささいなことをきっかけとして関係に齟齬《そご》が生じてしまい、苦しんでいるようにみえる。くり返しになるが、多くの困難があるとしても、ホームは、彼女たちの現在の生活基盤であり、さらに場合によっては、施設を退所した後も頼ることのできる唯一の場所である。そうである以上、ホームが少女たちの拠りどころや居場所となるように、彼女たちと関わる私たちおとなもまた、配慮していかなければならない。

施設の現場では、しばしば、少女たちの人間関係の悪さの理由を、彼女たち一人ひとりの性格や、彼女たち同士のいわゆる相性に求めるようである。しかし、筆者の知るかぎり、ホームを構成するメンバーが替わっても人間関係の悪さは解消されず、問題やトラブルはおこりつづけている。したがって、少女たちの人間関係の悪さについて探るときには、彼女たち個人の性格や、個別的な人間関係に着目するのではなく、彼女たちの他者関係とはどのようなものであるのかについて、もっと深い次元からみていく必要がある。そのために本章では、みんなと同じふるまいをしたり、自分と他者を比べたり、といった私たちの日常的なあり方や、人間関係について詳細に解明している、ハイデガーの思索を導きとしたい。ハイデガーを手がかりとしながら、少女たち自身にも明確にはとらえられておらず、言葉にされることのない、彼女たちの関係のありようについて考えてみる。そうした関係のありようをとらえることによって、「なにもわからないくせに、口だしする」状況を脱し、彼女たちの辛さに少しでも寄り添う方途を探ることを、本章ではめざしたい。

本章第1節では、まず、少女たちとホーム外のひとびととの関係のありようについて、彼女たちの言葉を手がかりにみていきたい。第2節では、ホームでの少女たちの関係に目を転じる。彼女たちがこの関係になにを求めているのか、彼女たちのふるまいはどのような辛さの表出であるのかを探りたい。第3節では、ホームで孤立している少女とほかの少女たちとの関係のありようと、ホームを居心地良くしようとする彼女たちの格闘を描きたい。

第１節　ホームの外の人間関係

家庭の内と外での人間関係を生きている私たちと同様、ホームで暮らす少女たちも、ホームの内と外での人間関係を生きている。しかも、ホームにおける少女たちの関係は、学校の友人をはじめとする、いわゆるホーム外のひとびととの関係から影響を受けていると同時に、この関係を反映しているようにみえる。そこで本節では、ホーム外のひとびとと彼女たちとの関係について、まずみていこう。

少女たちの友人関係

自分が施設で暮らしていることを、少女たちの多くは友人に隠そうとする。たとえば、美咲さん（中学2年生、仮名、以下同様）は、「美咲が心から親友だ、って思える友だちじゃないかぎり、こういうところに住んでるって、ぜったいに知られたくない。みんなと違うんだって、ぜったいに思われたくない」、という強い想いを、筆者に語ってくれた。光さん（高校2年生）は、部活動の試合と

Ａ学園の行事が重なってしまったときに、そのことを顧問の先生にも友人にも伝えることができず、風邪をひいたので試合を休みたい、とウソをつくことがしばしばあったそうである。また、ある少女は、放課後の友人たちとの買い物や買い食いの誘いをことわることができず、Ａ学園から支給されるこづかいをすべて使ってしまっていた。

茜さん（高校1年生）は、新学期にクラスがえがなされることを、数ヵ月も前から強く怖れていた。彼女によれば、高校生は、入学やクラスがえのときに、みんなで携帯電話をもちよって番号やメールアドレスを交換することで、友人としての第一歩をふみだすという。そのため、携帯電話をもっていない彼女は、そうした輪のなかに入れず、非常に寂しく、肩身のせまい想いをせざるをえないそうである。また、何人ものクラスメートとのあいだで、「え〜、携帯もってないの？」、というやりとりをくり返さざるをえないことも、茜さんにはかなり苦痛のようであった。「今はみんな携帯もつのが普通なんだよ」、と茜さんが口をとがらせて言うように、高校生のあいだでは、部活動や友人同士の遊びの連絡などが、携帯電話のメールアドレスに一斉に送信される。そのため、茜さんにだけ連絡がまわってこず、部活動に遅刻したり、遊びの待ち合わせで友人に会えないこともしばしばあったそうである。

以上のエピソードが示しているように、ホームで暮らす少女たちは、それぞれの状況において、友人関係に少なからぬ困難をかかえている。また、彼女たちにとって、〈みんな〉と同じように〈普通〉でいることが、重要な関心事になっている。では、彼女たちのいう、みんなや普通とはどのような事態であり、普通でいられないとは、どのようなことなのであろうか。

ハイデガーにおける世間

ハイデガーは、不特定多数のひとびとのなかの一人という仕方で、私たちが日常生活を営んでいるときの存在様式を、〈世間〉という観点から明らかにしている。

ハイデガーのいう世間は、〈ひと並みに〇〇してほしい〉、〈そんなことでは世間では通用しない〉、といった表現を典型例とするような、日本語の〈ひと〉や〈世間〉と同じ事柄を意味している。つまり、ハイデガーのいう世間は、近所のひとやクラスメートといった、顔のみえる「特定のひとびと」でもなければ、日本人全員といった、「すべての人間の総計」でもない[2]。このように世間とは、その内実と範囲があいまいなものであるため、あらゆるひとが世間の一員となりうる一方で、この世間は実はだれでもない、ということになる[3]。にもかかわらず、いやむしろ、このようにあいまいだからこそ、世間は、ある事柄を私たちがどのようにとらえるのか、ある状況にふさわしい事柄がなんであるのか、といったことを、暗黙のうちに規定している[4]。

たとえば、現在では、ファッション、食べ物、本、映画など、私たちの生活のあらゆる事柄に流行がある。また私たちは、パジャマのまま外出したり、電車内で携帯電話を使うなどをおのずと控える。というのも、私たちの好みや考え方や価値観が、暗黙のうちに世間に規定されているからである。このように私たちは、自分の判断や感覚で行動しているようにみえても、実際には、「ひとが享受するような仕方で、享受し楽しむのであり、ひとが見るような仕方で、…読んだり見たりするのであり、ひとがいきどおりながら見いだすものを、いきどおりながら見いだしているのである」[5]。

私たちが世間に規定されていることについて、ホームの少女たちも強い関心をもっている流行のファッションという観点からさらにみていきたい。通信ネットワークが発達した現在では、国内外の有名デザイナーのコレクションの様子が、ほとんど間髪をおかずに、インターネットや、テレビや、新聞で報道される。デザイナーが発信する流行のデザインは、大量生産の既製服にすぐに反映され、少女たちにも手ごろな値段で買えるようになる。女優やモデルのヘアスタイルや化粧方法についても、テレビ番組や雑誌の記事で特集され、少女たちにもまねすることができる。このように世間においては、「あらゆる優位が音もなく抑圧され」、「勝ちとられたもののすべては手ごろなもの」になり、「どんな秘密もその力を失う」[6]。ひとびとには本来、さまざまな違いがそなわっているはずであるが、ホームで暮らす少女たちもふくめて私たちは、こうして均一にならされ、世間の一員として平均的なあり方をするようになる。

では、ホームの少女たちが言うように、みんなと同じように普通であることで、つまり、世間の一員として平均的なあり方をすることで、私たちが安心できるのはなぜなのであろうか。

日常生活において、私たちは、「つねに、自分の存在の可能性を放棄《ほうき》したり、それらをつかみとったり、つかみそこなったりしている」[7]、とハイデガーは言う。この可能性とは、〈成功の可能性が高い〉、〈無限の可能性を秘めている〉といった言い方にあるような、物事が実現する見込みや、潜在的な能力を意味しているのではない。そうではなく、私たちの行為やふるまいの一つひとつが、私たち自身によって選択され、実現された可能性なのである。

この可能性について、私たちがP店でTシャツを買う、という例で考えてみよう。Tシャツではなくポロシャツを買う、P店ではなくQ店に行くといった、ありとあらゆる可能性のなかから、私たちは、P店でTシャツを買う、という特定の可能性を選びとっている。このように、自分にとっての可能性をそのつど実現しつづけることによって、私たちは、一瞬先の自分の未来を、ひいては自分の将来を方向づけている。P店でTシャツを買うかどうか、といった日常のささいな選択であっても、あらゆる選択には、こうした重みがおのずとそなわっている。だからこそ、選択の責任や結果をそのつど自分で負わなければならないことは、私たちにとって重荷になる。そこで、先述した世間が、私たちの代わりにこうした重荷を背負ってくれるのである。つまり、世間が「責任を免除してくれる」[8]のである。

責任の免除が可能となるのは、世間が、日常生活における私たちのあり方を前もって描いておくという仕方で、すべての判断と決断を私たちに前もって与えてくれているからである[9]。だからこそ私たちは、自分の決断や行動に対する疑いや不確かさをほとんど感じることなく、自分のふるまいや考え方について、それが普通で当然であるという安心感をいつも得ることができる。そのおかげで私たちは、なんの問題も齟齬も生じない日常生活については、悩むことなく、スムーズに過ごすことができる。それどころか、経験的にも実感できるように、私たちは、自分のふるまいにことさら理由づけなどする必要なしに、日常生活を営んでいる。そしてだれかから、たとえば、「どうしてP店のTシャツにしたの？」、と聞かれたときには、「だって、流行していてみんながもっているから」、と答えることもできる。世間が責任を免除してくれなければ、私たちは、自分の選択一つひとつの妥当性や根拠を、自分でつくりださなければならない。たとえば、Tシャツの例でいえば、なぜP店で買うのか、なぜポロシャツではなくTシャツなのか等々について、納得のいく答えをださなければならない。こうなってしまうと、私たちはTシャツ一枚でさえ、買えなくなってしまうだろう。

世間のなかの少女たち

ホームで暮らす少女たちも、こうした世間に支配されている。彼女たちがファッションの流行に敏感であることも、その一例である。しかし同時に、これまでの生育歴や現在の生活状況からして、彼女たちは、世間の平均的なあり方からはみだす部分を多くもたざるをえない。したがって、自分が世間から疎外されていることをしばしば自覚せざるをえない彼女たちには、知らず知らずのうちに世間の一員としてふるまっている私たちとは異なり、世間の支配力や、世間とはどのようなものであるのかが、気づかれやすい。

「みんなと違うんだって、思われたくない」、「今はみんな携帯もつのが普通なんだよ」。これらの言葉が示しているように、彼女たちは、自分が〈普通〉ではないことを、ホーム外の友人関係においてつねに自覚させられている。たとえば、施設で暮らしている、という現在の生活状況を隠したり、こづかいがなくなるまで友人につき合うことは、自分たちが感じている普通なあり方を、あえて実現することである。知らず知らずのうちに世間の一員としてふるまっている私たちとは異なり、彼女たちは、世間の一員としての平均的なあり方を、自分の意志や判断に基づいて能動的に実現している。そのためには、自分にとっての世間を代表している友人たちが、物事をどのようにとらえ感じているのかに、たえず敏感でいなくてはならない。また、〈ここで私はどのようにふるまうのがふさわしいだろうか〉、というように、自分がつかみとるべき次の可能性を、たえず気にかけながら生きていかなければならない。そしてこのことは、普通であるとは、世間の一員であるとはどういうことかを、彼女たちが明確にとらえていることを意味している。

さらに彼女たちは、友人たちが自分をどのようにみているのか、自分を世間の一員として認めてくれているのかさえも、つねに気にかけなければならない。

たとえば茜さんは、部活動や遊びの連絡のためにホームの固定電話に電話をかけてくれる友人に対して、謝罪や感謝の言葉を何度も伝えるなど、かなり恐縮していた。このとき茜さんは、自分には平均的なあり方ができないという辛さのみならず、そうした自分を友人はどのようにとらえているのだろうか、という心配にも苛《さいな》まれていたであろう。茜さんをはじめとしてホームで暮らす少女たちは、ときおり、「学校に疲れた」、とつぶやく。彼女たちは、友人たちのあり方をつねに気にかけ、それに適した自分のふるまいをつねに考え実現しつづけることによる疲弊《ひへい》感や安らげなさを、この言葉で表わしている。

世間の一員であることは、私たちに落ちつきを与えてくれる、とハイデガーは言う[10]。この落ちつきとは、さまざまな事柄にわずらわされず、気持ちが穏やかに凪《な》いでいることを意味している。私たちがこのように落ちついていられるのは、世間が、平均的なあり方を前もって描き、世間に見合った判断や決断を前もって与えることで、私たちから責任を免除してくれているからである。他方、自分は普通ではないという仕方で、世間やその支配力が感知されているからこそ、ホームで暮らす少女たちは、世間の一員らしくふるまおうと能動的に努力しつづける。そのために彼女たちは、落ちつきや安心感をもって日常生活を営めない。したがって彼女たちは、ハイデガーがいうところの、世間から切り離されて「単独化される」[11]ことですべての重荷をみずから背負わなければならないあり方と、かなり似たような状態におちいってしまっている。

たしかに、ここまでで述べてきたエピソードは、日常生活のなかで、私たち自身もときとして体験するような、ささいな出来事である。しかしだからこそ、こうしたエピソードは、彼女たちが、日常生活のさまざまな場面において、落ちつきや安心感を得られないあり方へと、つねに追いこまれていることを明らかにしている。

たとえば、ある少女は、「今まできらわれてた〇〇君から、今日話しかけられたんだ〜」、という会話を、きらわれている相手を変えながら、筆者とのあいだで何度かくり返した。というのも、彼女は、一度も会話をかわしたことのないクラスメートは、すべて自分のことをきらっている、ととらえているからである。このように、基本的に他者は自分のことをきらっている、という想いを強くいだいている彼女には、学校生活をのびやかに過ごすことが難しい。それどころか、日常生活におけるすべての人間関係が、彼女には、怖ろしいものに感じられてしまう。

筆者の経験するかぎり、彼女だけではなく、ホームで暮らす少女たちの多くが、クラスメートに対するいわゆる引けめや警戒感のような想いを、少なからずいだいているようである。たとえば先に紹介した茜さんは、「茜は天然だから、クラスとか部活の友だちから、『幼児みたい』ってかわいがられてて、休み時間にアメとかお菓子とかもらえるし、すごく楽しい」、と何ヶ月にもわたってくり返し語っていた[12]。しかしあるとき、茜さんは、「友だちに、子どもみたいって思われてかわいがられたりバカにされていれば、恋愛とか、勉強とか、受験とかのライバルだと思われないで、みんなといい距離を保てるよね？　だって、女の子って怖いんだもん…」、とつぶやいた。

先述の少女も、茜さんも、世間からの暗黙の支えを実感できないために、どれほど平均的にふるまおうとしても、そうした自分のふるまいが普通で当然なものである、という自信を充分に育めない。さらに彼女たちは、自分の存在そのものが、世間の平均的なあり方の枠内におさまっており、みんなから認められているかどうかにも、自信がもてないでいる。そして、この自信のもてなさ自体が、普通ではないことの証《あかし》として、彼女たちの自信をさらにうばってしまう。私たちとは異なり、彼女たちには、世間とその支配力とが感知されているからこそ、彼女たちは、世間から落ちつきを得ることができない。それだけではなく、彼女たちは、落ちつきや安心感を得るために世間の一員であろうとつねに努力しつづけることによって、さらに、落ちつきや安心感をうばわれてしまっている。

たしかに、こうした落ちつけないこと、安らげないこととそれにともなう辛さは、日常生活における彼女たちの可能性を決定的にはばみ、彼女たちが動きがとれなくなったり、打ちのめされてしまうほどの大きなものではない。しかしだからこそ、こうした落ちつけなさや辛さは、彼女たちの日常生活に通底する気分として、彼女たちを苦しめつづけるのではないだろうか。このようにとらえることによって、彼女たちがホームの人間関係にこだわる気持ちが、私たちにも少しは感じとれるようになる。

第2節　ホームにおける擬似的な世間

世間から疎外されている、と感じてしまう少女たちは、一生懸命《けんめい》世間の一員であるかのようにふるまうことによって、落ちつけず安らげないでいる。さらには、ホーム内の人間関係も少女たちには辛いものであり、自傷行為などのいわゆる〈問題行動〉となって表出する。施設の現場では、彼女たちのこうしたふるまいを、甘えの表出、ひとを操作する手段、自分に陶酔しているあり方というように、彼女たち個人の性格や対人関係の様式としてとらえることが多いようである。しかし、こうしたとらえ方では、彼女たちの辛さを充分にくみとることができないのではないだろうか。そこで本節では、ホームにおける少女たちの関係に目を転じ、彼女たちがこの関係になにを求めているのか、彼女たちのふるまいはどのような辛さの表出であるのかを、探っていきたい。

少女たちの擬似的な〈世間〉

ホームでの少女たちの関係は、一見するとかなり親密である。たとえば、基本的に全員でかこむことになっている夕食の食卓は、彼女たちの会話でにぎやかである。夕食後は、温かな飲み物をいれ、さらに団らんの時間を楽しむことが通例となっている。それから彼女たちは、リビングで一緒にテレビを見て笑い合ったり、だれかの部屋に集まっておしゃべりしたりと、寝る直前まで、みんなと一緒の時間を過ごしている。ある少女は、早い時間に就寝した翌朝、「うちが寝てから、みんな何時くらいまでおきてて、なにしてたの？」、と筆者に聞いてくることがしばしばあった。また、彼女たちは、衣類、クツ、バッグなどの貸し借りを、しばしばおこなっていた。

ホーム内での彼女たちは、このようにつねにだれかと一緒の時間を過ごし、ホーム内でおきた出来事や、ほかの少女の身のまわりにおきた出来事を、すべて知っていようとする。そうすることにより、彼女たちは、そのつどの出来事について、ホームのみんながどのように感じ判断するのかを、知ろうとしているのであろう。こうした感覚や判断を全員で何度も共有することで、ある事柄に直面したときに彼女たち一人ひとりが感じることやおこなう判断は、ほかの少女たちとおのずと同じものになっていく。彼女たちがつみ重ねたいわゆる実践知が、世間と同じように、彼女たちの判断や感覚を前もって与えてくれるようになる。彼女たちは、こうした仕方で、ホーム内での平均的なあり方を、自分たちで能動的につくりだしているのである。つまり彼女たちは、自分たちだけで構成された、自分たちなりのいわば擬似的な小さな〈世間〉を、ホーム内でつくりだしている。

先述したように、少女たちは、ホーム外の通常の世間から疎外されていることを、しばしば自覚せざるをえない。そのため彼女たちはつねに、世間の平均的なあり方へと能動的に自分を合わせなければならず、落ちつけなさや安らげなさを感じている。他方、ホーム内の〈擬似的な世間〉は、彼女たち自身によってつくりだされている。したがって一見すると、平均的なあり方をするために努力する必要も、疎外される心配もなく、この擬似的な世間において、彼女たちは通常の世間では得られないような落ちつきや安心感を実感できている、と思われる。しかし現実には、ホームでの彼女たちの関係は、つねにだれかが孤立したり、みんなが雰囲気の悪さを感じざるをえないような問題をはらんだものとなっている。こうなってしまうのはなぜなのだろうか。

少女たちの落ちつけなさ

世間の一員として平均的なあり方をしているかぎり、私たちは、不特定多数の他者、つまりひととの「隔《へだ》たり」[13]をつねに気にかけている、とハイデガーはいう。たとえば、ひととの区別をなくそうと調整する場合、ひとからの遅れをとりもどしたい場合、ひとよりも優位な立場にありつづけたい場合などに、私たちはひととの区別を気にかける[14]。しかし、ここで注意すべきは、ひととの隔たりを気にかけていることは、世間から支配されていることと同じく、私たち自身に気づかれていない、ということである。経験的にも実感できるように、私たちが他者との隔たりを自覚的に気にかけるときには、不特定多数のひとびととのあいだでの平均的なあり方が問題になるのではない。そうではなく、生育歴、現在の生活状況、学力や仕事の能力、容姿などをめぐる、顔のみえる個々の他者との比較が問題になる。

ホームで暮らす少女たちも、その想いの表出の仕方や、要求の強さにはさまざまに程度の違いがあるとしても、ケアワーカーや筆者といったおとなから、彼女たち全員が平等に関わられているかどうかを、つねに気にかけている。たとえば少女たちの多くは、ほかの少女が衣類や文房具といった生活用品を買ってもらうたびに、自分に必要であるかどうかにかかわらず、自分にも買ってほしいと訴えてきたり、こうした事実に接して、機嫌をそこねてしまう。筆者自身も、ある少女の誕生日会が宿直の日と重なったため、会に偶然参加したところ、ほかの少女たちから、「あの子の誕生日会にきたんだから、私のにこないのはずるい！」と言われ、結局、彼女たちすべての誕生日会に参加することになった。

こうしたエピソードから、少女たちは、一見すると、ほかの少女との隔たりを気にかけて個別的な人間関係を問題にしているようにみえる。しかし彼女たちにとって、自分以外の少女たちは、個別的な他者であると同時に、擬似的な世間の構成メンバーでもある。したがって、先述のエピソードにおける少女たちは、個別的な人間関係を問題にしているようでありながら、実は、擬似的な世間の構成メンバー全員が平均的なあり方をしているかどうかを、問題にしているのである。というのも、擬似的な世間は、みんなが平均的なあり方をしつづけなければ維持することができない、もろさをはらんでいるからである。だからこそ少女たちは、擬似的な世間を維持しつづけるために、だれかが抜けがけしていないかどうかを、つまり、自分たちのあいだの隔たりを、つねに気にしつづけなければならない。そのために彼女たちは、落ちつきや安らぎをえられない状態につねにおかれてしまう[15]。

ホームの少女たちには、自分が擬似的な世間をつくりだしていることも、残りの少女たちがその世間の構成メンバーであることも、隠されることなく感知されている。したがって彼女たちには、落ちつきたいがために擬似的な世間の一員となることで、自分たちの隔たりをめぐる安らぎのなさを味わわなければならない、という矛盾する状況も、隠されることなく感知されているはずである。世間の平均性をめぐる「隔たり」という言葉に、ハイデガーは、立ち枯れた、気の抜けた、あじけない、という意味をこめている[16]。ホームの少女たちに感知されている隔たりもまた、あじけない隔たりである。ほかの少女たちとの隔たりをめぐって、彼女たちは、落ちつけなさや安心できなさだけではなく、あじけなささえをも味わっているのである。

ホームのルールを守り合うこと

彼女たちがこうした矛盾する状況におちいっていることは、ホーム内のルールを互いに守ることを求め合う彼女たちのあり方からもみてとることができる。ホームでは、夕食は調理師と一緒に彼女たちが交代で作る、皿洗いや洗たくなどの身のまわりのことはすべて自分でおこなう、といった公然のルールが定められている。それに加えて、食後はみんなで団らんの時間を過ごす、みんなに秘密はもたない、といったさまざまな暗黙のルールも存在する。しかも彼女たちは、自分だけではなく、ほかの少女たちがこうしたルールを守ることを、かなり強く要求する。そうしたときには、ホームでみんなが気持ちよく過ごすためにルールを守ろう、という言い方がされる。しかし、擬似的な世間という観点からみると、彼女たちがルールを守り合うことは、それ以上の意味をもってくる。

ルールを守り合うことは、お互いが擬似的な世間の平均的なあり方をしていること、この世間をその一員として互いに維持しつづけていること、そしてこれからも維持しつづける意志があることを、お互いに確認し合う行為でもある。というのも、ルールは、それがホーム全員の意向であるかぎり、擬似的な世間の意向となるからである。したがって、安らぎたいという想いから擬似的な世間の一員になっているのに、かえって安らげなくなっている、という矛盾する状況が、ルールの場合によりいっそう明確なかたちで生じることになる。

ルールは、それを守ることを求められるすべてのひとのふるまいを、ある一定の枠組みに制限する役割をそなえている。そのため、ルールを互いに守り合うことによって、少女たちには、互いに平均的なあり方をすること、つまり、擬似的な世間を維持することが容易になる。しかし同時に、このことによって彼女たちは、本来ならば選択が自由なはずの自分の可能性を、よく知られたもの、到達可能なもの、その場に適していて理にかなっているものの領域に、あらかじめ限定せざるをえなくなる[17]。

夕食後の団らんの時間を例にして考えてみよう。少女たちだって、ときには、夕食後すぐにテレビ番組を見たい、自分の部屋にもどって一人の時間をもちたい、と思うこともあるだろう。こういう願いは、本来ならば、彼女たち自身が選ぶことのできる可能性の一つである。しかし彼女たちのほとんどは、こうした可能性ではなく、団らんの時間をもつというお決まりの可能性を選ぶ。というのも、ホーム内でのルールを破ることは、擬似的な世間を維持しつづける意志があるという暗黙の確認を破ることを、意味するからである。事実、次節でくわしくみていくように、ささいなルールを破るといったことをきっかけとして、少女たちは孤立することになる。

　ルールを決め、守っているときの彼女たちは、擬似的な世間の一員であるという落ちつきを求めて、みずから望んでそうふるまっている。しかし他方で、ルールを守ることは、自分の可能性をその場にふさわしいものに限定することによって、その可能性を自分で閉じてしまうことでもある。たしかに彼女たちは、自分たちが決めたルールにそってふるまうことで、擬似的な世間の一員でありつづけたいと思っている。しかし同時に、彼女たちは、そのルールにしばられることで、自分のそのつどの可能性を自分で選択することができない、という閉塞感《へいそくかん》をいだかざるをえない。しかも、彼女たちの擬似的な世間は、構成メンバーが6人しかいない小さな世間であり、そこから数名が離脱すれば崩壊してしまうかなりもろい世間である。そのため、お互いにいわば監視し合うことによるこうした閉塞感や、ほかの少女たちのそのつどのふるまいに対する敏感さは、よりいっそう強くならざるをえない。そして、ほかの少女たちとのあじけない隔たりを気にかけたり、ルールを守り合うことにこだわっている彼女たち自身が、そうしたもろさを、もっとも鋭く実感しているはずである。

行きづまりの状況

くり返しになるが、少女たちは、ホーム外の人間関係のなかで、自信や安心感をうばわれている。だからこそ彼女たちは、擬似的な世間をつくりだし、それにこだわっている。しかし、ここでも彼女たちは、擬似的な世間による安らぎを求めているにもかかわらず、この世間を維持しつづけるための安らげなさや閉塞感を味わわざるをえない、という矛盾した行きづまりの状況に直面している。

彼女たちがルールを互いに守り合うのは、擬似的な世間を維持することで、〈普通〉でいたいためである。しかし、ホームでみんなが気持ちよく過ごすためにルールを守らなければならないこと自体が、ホームがいわゆる普通の家庭とは異なっていることを示している。また、公然のルールや暗黙のルールにしばられている少女たちの関係も、普通の自然な人間関係とはいえない。つまり、このルールの存在自体が、彼女たちの普通でなさを際立たせ、自分たちが普通ではないことを、彼女たちにつきつけることになる。にもかかわらず彼女たちは、擬似的な世間に落ちつきを求めざるをえない。だからこそ、彼女たちは、この擬似的な世間の崩壊におびえながらそれを能動的に維持しつづけることの閉塞感に、苛まれつづけることになる。

こうした閉塞感にたえられなくなったとき、彼女たちは、部屋に閉じこもったり、深夜に泣きじゃくったり、自傷行為におよんだりするのであろう。また、ある少女は、塾などの予定をつめこんで、ほかの少女たちと顔をあわせないようにしていた。彼女のこのふるまいは、通常の世間へと適合しようとする試みに比べて、擬似的な世間を維持しつづける努力の方が苦しいことを、ありありと物語っている。にもかかわらず、ホームで暮らす少女たちは、特定の少女と衝突したり、みんなの前で感情を爆発させることは少ない。それほどまでに彼女たちは、擬似的な世間を維持しつづけたい、という強い想いをいだいている。彼女たちのはかり知れない閉塞感と、落ちつきや安心感への渇望《かつぼう》に思いをはせるとき、彼女たちのふるまいを彼女たち個人の性格や対人関係の様式としてとらえることは、もはやできなくなる。

第３節　擬似的な世間との格闘

彼女たちの関係の悪さは、彼女たち個人の性格や、個別的な人間関係のトラブルに還元できない。そうではなく、擬似的な世間を維持することにともなう、矛盾した行きづまりの状況からくる閉塞感や辛さが、彼女たちを追いつめているのである。前節でみてきたことを受けて、本節では、孤立している少女とそのほかの少女たちとの関係のありようについて、こうした観点からとらえなおしてみたい。

「はじめに」でもふれたように、ホームの雰囲気は、いつもどこか息苦しいものとなっていた。矛盾した状況を生きざるをえない少女たちの閉塞感が、雰囲気の悪さや息苦しさとして、身をもって感知されていたのであろう。さらにそうした閉塞感は、ときとして、いささか乱暴なドアの閉め方、暗い表情や口数の少なさ、食事時以外は自分の部屋に閉じこもる、といったふるまいとして、あふれでてくる。前節でみてきたように、ホームの少女たちは、ほかの少女との隔たりにかなり敏感である。そのため、先述のようなふるまいをきっかけとして、ある少女とほかの少女たちとのあいだに齟齬が生まれてしまう。ほかの少女たちは、その少女のこうしたふるまいに不満をいだく。その少女は、こうした不満を敏感に感知し、みんながいる場に出てこられなくなってしまう。そうした悪循環の結果、明確な原因や理由もないままに、いつのまにか、その少女が孤立してしまうことになる。

擬似的な世間の一員でありつづける辛さ

あるとき、孤立している少女が外出しているあいだに、ほかの少女全員がダイニングに集まって、その少女についてひそひそ話をしていたことがあった。そこで、筆者は、はっきりした理由がないようにみえるのに、あの子が孤立しているのはなぜなのか、と問いかけてみた。すると少女たちは、「うちらもわからない」と答えたうえで、「わざと大きな音をたててドアを閉めたりとか、向こう〔＝孤立している少女〕がうちらをきらってて、さけてるんだよ。うちらは別にさけたりとかしてないし」とうなずき合った。そのため、筆者はさらに、彼女たちがしばしば、孤立している少女をのぞいた全員で、だれかの部屋に集まっていることを指摘してみた。すると少女たちは、「別にハブにするためにそうしてるんじゃないし[18]。入りたかったら入ればいいんだよ」、と口をとがらせた。そう言いながらも、ある少女の発した、「なんとなくみんながあの子をいやに思ってる」という言葉は、彼女たち全員の想いを表わしているようであった。

「向こうがうちらをきらってて、さけてる」という言葉からは、擬似的な世間をつくりだし維持するなかで、ほかの少女のふるまいや想いに敏感にならざるをえない彼女たちのあり方が、改めてみえてくる。

第三者からすれば、彼女たちの方が、ある少女をきらって孤立させているようにみえる。にもかかわらず、彼女たちは、その逆の関係を言葉にする。この言葉は、一見すると、ある少女の孤立に対するいわゆる〈責任逃れ〉の言葉とも受けとれてしまう。しかし、少女たちは、「向こうがうちらをきらってて、さけてる」と本気で想い、心細さや動揺からいらだっているように、筆者にはみえた。というのも、彼女たちは、擬似的な世間の一員として自分が感じている閉塞感や落ちつけなさを、孤立している少女に重ね合わせているからではないか、と思えるからである。擬似的な世間の一員であることが辛くていやになったからこそ、孤立している少女は自分たちを見捨てて、自分たちから離れていった、と彼女たちは感じているのではないだろうか。

ある少女の孤立は、擬似的な世間に少なからぬ衝撃と動揺を与える。擬似的な世間を支えにしているこの関係が、普通であることを求めながらも、実は普通の関係ではないこと。つまり、擬似的な世間が、互いに秘密をもたずにルールを守り合うといった、互いの能動的な努力によってかろうじて保たれている関係であること。そういう事実を、ある少女の孤立は、ほかの少女たちに改めて実感させる。ホームの少女たちにも、みんなに秘密にしておきたいことがあるだろうし、ルールを守り合うことを窮屈《きゅうくつ》に感じることもあるだろう。しかし、擬似的な世間を維持しつづけるためには、そうした不満や違和感から目をそらさなければならない。しかも、彼女たちは、落ちつきや安心感を求めながらも、なかなかそれらを得ることができない、という矛盾した状況にありながらも、擬似的な世間から離れられないでいる。他方、孤立することは、本人が望んでいるかどうかは別としても、擬似的な世間から距離をおくことである。したがって、閉塞的な状況を生きざるをえない少女たちにとって、孤立している少女のありようは、ある意味ではうらやましいことであり、だからこそまた、ある意味では腹だたしいことでもあるだろう。

すると、「なんとなくみんながあの子をいやに思ってる」という言葉は、その少女を孤立させた集団の、いわゆる〈優越感〉の表現ではないことになる。この言葉にはむしろ、その少女から見放されてしまったけれども、自分たちはこの世間にとどまるしかない、という忸怩《じくじ》たる想いがこめられている。しかも彼女たちは、みんなが想いを共有していることを確信できないからこそ、つねにみんなで集まるのであろう。すると、ある少女が孤立することによって、ほかの少女たちの結束力や親密さがましたようにみえるのは、通常考えられるように、その少女をさらに孤立させるためではないことになる。そうではなく、少女たちは、擬似的な世間を維持しつづける意志を互いに確認し、ある少女が抜けて不安定になった擬似的な世間を安定させるために、みんなで集まらざるをえないのである。

「入りたかったら入ればいいんだよ」、というある少女の言葉どおり、孤立していた少女は、いつのまにか擬似的な世間にもどっている。しかし今度は、別の少女がいつのまにか孤立している、というように、ホーム内の人間関係は、たえず変化しつづける。少女たちは、擬似的な世間の一員でいることも、孤立することも同じように辛く苦しいという、行きづまりの状況におかれている。

少女たちの格闘と希望

擬似的な世間をめぐる少女たちのこうした複雑な想いは、彼女たちの発する、「雰囲気が悪い」という言葉からもうかがえる。この言葉は、孤立している子どもがそこにいるせいで場の雰囲気が悪くなる、という不満を表現している、ととらえられがちである。事実、少女たちは、孤立している少女が暗い表情でダイニングから出ていった後や、自分の部屋のドアを大きな音をたてて閉めたときなどに、この言葉を発することが多い。しかし同時に、そうしたきっかけがない場合でも、彼女たちが、「雰囲気が悪い」、と筆者に訴えてくることがしばしばあったのである。

彼女たちがホームの雰囲気の悪さをしばしば話題にするのは、そのつどの不満やいきどおりを表明するためだけではない。そうではなく、彼女たちは、こうした状況をなんとか変えたいと、強く願っていたのではないだろうか。しかも、こうした想いは、孤立している少女にも共有されていたようである。孤立している少女は、しばしば、「これ以上雰囲気を悪くしたくない」、という言葉を発する。この言葉からも、ホーム内での人間関係に困難さや齟齬が生じることなく、ホームがみんなにとって居心地の良い場となってほしい、という願望が透けてみえる。

事実、全員の少女のグチの聞き役をしている少女がいた。孤立している少女も、食卓で笑顔をみせていた。このように彼女たちは、それぞれの仕方で、この願望を実現しようと能動的に努力していた。しかし、つねにだれかが孤立している状況がつづくなど、そうした努力はむくわれなかった。というのも、先に述べたように、彼女たちが感じている雰囲気の悪さは、孤立している少女や、特定の人間関係に起因するものではないからである。そうではなく、擬似的な世間にともなう落ちつけなさや閉塞感が、雰囲気の悪さとして、少女たちに感知されているのである。すると、ホームの雰囲気が良くなるためには、擬似的な世間が崩壊するなど、彼女たちの関係そのものが大きく変化する必要がある。しかし、ここまで二つの節をとおしてみてきたように、世間からの疎外を感じてしまう少女たちは、擬似的な世間にこだわり、頼らざるをえないのである。

すると、ホームの雰囲気を良くしたいという彼女たちの願望は、ハイデガーのいう、実現が望めない「単なる願望」[19]でしかないことになる。ほかの少女のグチを聞く、笑顔をみせる、といったふるまいは、本来ならば、ホームの雰囲気が良くなるという将来へとつながる、彼女たちの可能性の一つである。しかし、雰囲気が良くなることが単なる願望であるかぎり、彼女たちの可能性は、さらなる新たな可能性へと展開していくのではなく、そこで閉じられてしまっている[20]。つまり、彼女たちは、グチを聞く、笑顔をみせるといった、自分の意のままになる可能性にしがみつき、そうしたふるまいをくり返すことで、先に進めなくなっている。彼女たち自身も、自分たちのそうしたありようを感知しているからこそ、彼女たちの焦燥感《しょうそうかん》や、ホームをおおう閉塞感は、さらに厚く深くなる。

ホーム最年少の桜子さん（中学1年生）は、不登校をつづけていた自分のあり方と生活環境を一新したい、という本人の強い希望によって、A学園のほかのホームから移動してきたという。ホームにきてからの桜子さんは、ほかの少女たちにまじって、自分の身のまわりのことをすべて自分でおこない、中学校にも休まず通えるようになっていた。にもかかわらず、彼女は、ある日の深夜に、「ホームを移っても、人間関係とか、辛いのはなにも変わらなかった」、と筆者に訴え、長いあいだ泣きじゃくっていた。

彼女のこの言葉は、雰囲気の良いホームで穏やかに暮らすという彼女の可能性が、どこに行っても単なる願望でしかないことに対する大きな失望、そして、擬似的な世間の一員でありつづける辛さや矛盾を感じながらも、この関係を拠りどころにしなければならないという閉塞感を、痛切に伝えている。しかし同時に、彼女のこの言葉や涙は、そうした失望や閉塞感を味わいながらも、彼女がまだあきらめていないこともはっきりと物語っている。というのも、彼女が自分のおかれている状況に絶望していたのならば、泣きながら筆者に訴えることなど、もはやしないはずだからである。「辛いのはなにも変わらなかった」と感じるのは、彼女が、かつてのホームでも、現在のホームでも、そこが自分の居場所、帰ってくる場所となるように、という強い希望をもちつづけているからである。同じことは、「雰囲気が悪い」という少女たちの訴えにもいえる。ホームの少女たちが、雰囲気が悪いと口々に訴えつづけるのは、言葉として発しつづけることでなにかが変わるかもしれない、という希望を、彼女たちが決して捨てていないからである。

少女たちのこうしたふるまいからは、さまざまな行きづまりの状況のなかで、自分たちにはどうにもできない単なる願望だとわかっていても、なにかをせずにはいられない、という彼女たちの格闘がみえてくる。つまり、彼女たちが単なる願望にただしがみついているだけではないことが、はっきりとみえてくる。雰囲気が悪いとくり返し訴えること、雰囲気を悪くしたくない、と孤立した少女がつぶやくこと、互いにルールを守り合おうとすること、いつでもみんなで一緒にいようとすること、自傷行為におよんでしまうこと、夜中に泣きさけんだり部屋をとび出したりすること。本章で述べてきた、彼女たちのこうしたふるまいすべてが、願望を実現しようとする彼女たちの格闘なのである。

彼女たちは、ホームでより良く「生きることへのやむにやまれぬ熱望」をみずからの「原動力」

にして、自分の可能性を切り拓いていこうと格闘する[21]。ときに苦しみ、ときに嘆きながらも、それでも格闘をつづけるのは、彼女たちが、ホームに希望をいだいているからである。ホームが現在の生活基盤であることを受け入れたうえで、今いるみんなで居心地良く暮らしていきたいと、強く想っているからである。そして、彼女たちがこうした熱望をいだいているかぎり、彼女たちの関係が良い方向へと変化する可能性もまた、彼女たちに開かれつづけることになるはずである。

宿直補助として筆者が一緒に過ごした少女のうち、二人は高等学校を卒業して就職し、A学園を卒園した。もう二人は、A学園内の別のホームに移動になった。ケアワーカーによると、この4人は、それぞれに連絡をとり合い、ホームの外で会っていたそうである。そしてその足で、ホームにもそろって遊びにきたそうである。ケアワーカーが、「〔彼女たちが〕ホームにいたころは、こんなこと考えられませんでしたよね」、と苦笑しながらも、ほっとしたようなやわらかな表情を浮かべていたことが、印象的であった。

付記：本章は、「施設で暮らす少女たちの他者関係の困難さ」（『人間性心理学研究』第28巻第2号２０１１）としてすでに発表したものを、施設における少女たちのあり方の意味をさらに深めるため、かなり大幅に修正・補足したものである。

第3章　虐待をのりこえる

遠藤　野ゆり

本章では、ある施設で暮らす樹理さん（仮名、以下同様）という少女の、約2年半にわたる生活の様子と、そのなかでの彼女の変化をみていきたい。そして、虐待《ぎゃくたい》を受ける辛《つら》さとはどのようなものなのか、その経験をのりこえるとはどういうことなのかを、彼女のふるまいや表情の一つひとつから探りたい。

はじめに ── 子どもたちの実態

施設で暮らす子どもたちについて

樹理さんは、母親からの心理的、身体的虐待を子どものころより受けており、15歳10ヵ月で、「自立援助ホーム」[1]に保護された。樹理さんがのりこえなければならなかった過去がどのようなものなのかを本章でくわしく探っていくために、まず、自立援助ホームで暮らす子どもたちのかかえる困難がどのようなものかを、述べておきたい。

自立援助ホームで暮らす子どもたちは、15歳から20歳前後で、ほかの多くの児童福祉施設の子どもたちとは異なり、日中は、社会人として働いている。たいていは高等学校に通うはずの年齢に、施設で生活しながら働かなければならないということは、それ自体が、生活を共にし、義務教育以上の学校生活を与えてくれるおとながまわりにいない、ということを意味している。このように、もっとも支えを必要としている子どもたちが、支えられるどころか、15歳にして自活を求められる、きびしい状況にあるのである。

筆者は、ある自立援助ホーム（以下「ホーム」と省略）を、約7年にわたって、週に1泊から2泊ほど訪問してきた。そして、樹理さんをはじめとする、多くの子どもたちに出会ってきた。ホームの子どもたちは、それぞれ、さまざまな背景をかかえている。しかし、どの子どもの生い立ちも、どれだけ話を聞いても、本当の辛さは筆者には想像もできないほど過酷《かこく》なものである。

いつも無気力で、感情の起伏がほとんどみられず、入浴もいやがる子どもがいた。この子どもには、戸籍さえ与えられていなかった。小学校の入学案内が届かない、医療保険が利用できないなど、戸籍がないことによる社会的な不利益は深刻である。しかし、それ以上にこの子どもにとって深刻なのは、生まれたときにだれも戸籍をとってくれなかったことが典型的に示しているように、彼のことを少しでも気にかけ、入浴の気もちよさといった生活の喜びを与えてくれる他者が、まわりにほとんどいなかったことであろう。

また、ある子どもは、ホームで暮らしはじめたばかりのころ、食事をしながらも、自分がなにを食べているのか、ほとんどわからないようであった。生きるうえで必要な栄養は与えられてきたが、ご飯をおいしく食べられるように、と気づかわれたことがなく、味覚自体を失っていたのだという。

自分を気づかい力をつくしてくれる他者がまわりにほとんどいなかったということは、ホームの子どもたちの多くに共通している。このことは、子どもたちの普段のなにげないふるまいに、濃い影を落とす。ある子どもは、仕事に行こうと玄関のドアを開けたとき、「いってらっしゃい」、と声をかけられると、ぎょっとして動けなくなってしまった。出かけようとするときに、はげましながら見送ってくれる他者がいるという体験は、この子どもにとっては未知のものだったのである。

ホームにおける養育と自立

こうしたことから、〈自立〉を〈援助〉する〈ホーム〉と名づけられたこの施設で、養育者である林さんとハル子さん夫妻（事例当時50歳代）がなによりも大事にするのは、就労支援でも、自立先の確保でもなく、子どもたちが日々安心して生活できるようになることである。あいさつすることさえ知らなかった子どもから、自然に、そして習慣的にあいさつの言葉がでること。なにを食べても味のわからなかった子どもに、〈好ききらい〉ができること。戸籍さえなく感情の動かなかった子どもが、笑ったり、喜んだりできること。それどころか、自分のしたいことが妨げられたときには、悔しさや悲しさといった、いわゆるネガティヴな感情をいだけるようになること。こうしたことが、もはや本人にも気づかれないほどあたりまえになるまで、充分に培《つちか》われることこそ、自立への第一歩、といえる。自立という言葉で私たちが思い浮かべるような、子どもたちが未来の自分を思い描いたり、そのための具体的な準備をするといったことは、現在の日々の生活が安心して送れ充実していることを基盤にして、はじめて可能となるのである。

これまでそこなわれつづけてきた日々の生活を満たしていく、という養育者の役割の多くは、地道で、終わりのないものにならざるをえない。子どもが、あいさつをかわし合う関係を自然なものと感じられるためには、子どもがあいさつされてもたじろがなくなるまで声をかけるだけではなく、あいさつが自然にできるようになった後も毎日、「いってらっしゃい」と声をかけつづけなくてはならない。子どもの味覚が不十分で、どれほど心づくしの料理をだしてもおいしいと感じてくれないあいだもずっと、おいしい食事をだしつづけなければならない。養育者のこうした支えの多くは、子ども自身には気づかれないまま、つみあげられていく。それだけ深い次元で日常を支えつづけるという仕方で、子どもたちがこれまで体験できなかったことを、すなわち、気づかわれるやわらかな人間関係に支えられた日常生活を経験させつづけることが、ホームでの養育の中心となる[2]。

こうした養育をへて、子どもたちは、自立へと向かう。自立とは、ホームでは、働いて貯蓄したお金をもとにアパートを借りて、新たな生活の場を見いだし、また同時に一社会人として生きていけるようになることを指す。子どもたちは、短ければ半年ほど、長くても3年間ほどホームで生活した後は、ホームを出て、自立をしなければならない。しかし、自立は、単に生活スタイルや場所の変化を意味するのではない。子どもたちは、ホームを離れると、それまで気づかないところでいつも自分を支えてくれていた、養育者と共に過ごす時間を失ってしまうことになる。一人で起き、一人で食事をとり、一人で仕事に出ていかなければならなくなる。いってらっしゃい、と声をかけてくれるひとがいない環境に、ふたたび身をおかなければならなくなるのである。

自立した子どもたちが味わう辛さは、それだけではない。子どもたちは、同僚や友人たちとのつき合いのなかで、家族と支え合う生活をあたりまえのように享受している、多くの〈普通のひとたち〉に出会い、自分の辛い状況との違いを目のあたりにせずにはいられなくなる。そうした状況に、ホームという場を離れてもたえられるようになること。強いられた辛い状況を受け入れ、辛さに押しつぶされずに生きていこう、と思えること。たとえアパートに一人でいても、実は養育者に支えられているのだ、という実感をもちつづけられるようになること。これらのことが、自立していくうえでは、子どもたちに必要不可欠なのである。

そのため、ホームでは、子どもを〈支えつづける〉というかたちでの養育を欠かすことができない。ハル子さんは、子どもが誕生日を迎えると、ケーキを焼いて祝う。生まれてはじめて誕生祝いをしてもらった、と喜びをかみしめ、涙ぐむ子どももいる。しかしそれは、ハル子さんの〈支えつづける〉関わりの第一歩でしかない。子どもがホームを出た後も、ハル子さんは、誕生日になれば毎年電話をかけ、誕生日を祝い、近況をたずねる。そして、「またいつでもホームにいらっしゃい」、という言葉をかける。ハル子さんのこの言葉は、形式的なものではない。自立した子どもが、たとえ事前になんの連絡もなく、ホームをふらりと訪ねてきても、ハル子さんは、その子どもがホームで使っていたハシを必ずそえて食卓をととのえ、歓迎する。子どもたちは、自分がホームに帰ってこなかったあいだも、ずっと、ハル子さんが一緒に食事できるのを待ちつづけ、ハシを準備していてくれたことを、どのような言葉よりもたしかに感じるはずである。こうした経験に支えられ、自立した子どもたちは、なにかあったらいつでもホームにもどってくればいい、という安心感を基盤とし、ホームに帰ってこられない多くの日々も、豊かに過ごすことができるのではないだろうか。

とはいえ、子どもたちにとって、そうした安心感を得るまで道のりは、平坦なものではない。というのも、子どもたちは、林さん夫妻と出会うときでさえ、これまでの辛かった他者関係を背負っているからである。「ホームにくる子どもは、社会に対する真っ黒な闇のようなエネルギーをかかえている」、と林さんが語ってくれたことがある。人生をそこなわれつづけてきた子どもたちのなかには、おとなや社会全体を拒絶し、暴力的にふるまわざるをえない子どももいるという。

幼いころ、何時間も寒いろうかで正座をさせられ、足が凍傷になり、ホームに保護されたときには障害をかかえていた子どもがいる。この子どもにとっては、障害にともなう、さまざまな不便さも深刻だったであろう。しかしそれ以上に、おとなは自分を傷つける存在だ、という感覚をぬぐえない辛さが、彼のかかえるさまざまな問題の根底には、深く刻まれていたのではないだろうか。またある子どもは、このままでは自分も弟妹たちも継父にひどい目にあわせられるのでは、とおびえ、幼い弟妹を連れて、児童相談所に自分から逃げこんだ経験があった。この少女は、成人男性全般に対する強い恐怖感と拒絶感をいだいており、ホームにきたばかりのころは、林さんに対しても、強い不信感を示していた。

こうした子どもたちが他者に対していだいている、根強い不信感、恐怖感は、しばしば、日々の生活や勤務先での、まわりのひとととのトラブル、といったかたちで現われる。実際、ホームにくる子どもたちのほとんどは、深刻な被虐待経験をかかえていると同時に、かなりの程度の非行もみせる。本章でこれからその様子をくわしくみていく樹理さんも、非行が、ホームに入所するきっかけの一つとなっていた。ホームに入所した後も、無断外泊をして数日間帰ってこない子どもや、2、3日ごとに勤務先を変えてしまう子どもなども少なくない。こうした子どもたちにとっては、日常生活や、そのなかでの人間関係一つひとつが、高い壁になる。彼らには、どれほど温かく見守ってくれる養育者であっても、向き合ったり、受け入れること自体に、しばしば、大きな辛さがともなうのである。

本章で探りたいこと

こうしたことからすると、傷つき、不信感に苛《さいな》まれている子どもたちにとって必要なのは、一見するといわゆる受容的で優しい養育であるかのように思われる。実際、林さんも、「ホームでの養育とは、これまで、だれにも迎え入れられなかった子どもたちの存在を、迎え入れることなんです」、と語る。しかし、林さんが語る「迎え入れ」とは、子どもがなにをしても寛大にゆるし、受け入れることなのだろうか。林さんは、「子どもを受け入れるときには、いつでも、養育者が自分との対決を強いられる」、とも語る。この言葉には、いわゆる受容的で優しいだけの養育とは異なるニュアンスが感じられる。

実際、本章でこれからみていくように、樹理さんに対して林さんは、必ずしも、優しい言葉のみをかけるわけではない。それどころか、そばで聞いているだけで身のすくむようなきびしい場面も、ときに生じる。樹理さんができれば直視したくないと思っているはずの、彼女のかかえる辛い生い立ちにも、林さんは正面から向き合わせようとする。普段のホームでの生活やそのなかでの対話が、ユーモアにあふれ、子どもたちや林さん夫妻の笑い声に満たされているからこそ、ときに訪れるそうしたきびしい場面は、きわめて深い印象を筆者に残してきた。

ときにはかなりの辛さをともなうこともあるホームでの養育は、多くの児童福祉施設でおこなわれる養育とは、異なっている面も多いであろう。そこで本章で探りたいのは、子どもたちが自立するときに、自分の過酷な生い立ちを受け入れ、その生い立ちに押しつぶされることなく、養育者がそばにいないときにもその支えを感じつつ、前向きに生きていくための強さや明るさは、どのような養育において、どのように培われるのか、ということである。私たちはしばしば、養育者がどれだけ子どもを迎え入れ受け入れているかを、子どもに対する寛大さからはかろうとする。たしかに、子どもたちが今どれだけ心地良く生活できるかは、子どもたちが支えられて生きていくために、欠かすことのできない視点である。しかし、子どもたちがいずれホームを出て、自立しなくてはならない以上、それが自立に向けてどのような意味をもつ心地良さなのかを、見きわめる必要がある。同じように、嬉しいことであっても、辛いことであっても、子どものあらゆる体験は、明るく強く未来に向かって生きていく力を培ううえで、どのような意味をもっているか、という観点からみていく必要があるのである。

一見すると同じようなふるまいであっても、そのひとがどのような可能性を、どのような仕方で実現しようとしているかによって、意味が大きく異なることを、実存主義者サルトルは私たちに教えてくれている。サルトルによれば、今現在の私たちにとって重要なのは、自分がどのような未来の可能性に向かっているか、なのである。このサルトルの思索は、樹理さんの体験やふるまいの本当の意味を、彼女が向かおうとしている自立という観点からみるという本章の目的にとって、教えてくれるところが大きい。また、子どものこれからの可能性を考えて養育をしつづける、林さん夫妻の営みの意味をも、私たちに深く考えさせてくれるであろう。

本章では、まず第1節で、入所当初の樹理さんが、どのような問題をかかえていたのかを探っていきたい。そして、樹理さんの〈構え〉をくずそうとする養育者との向き合いのなかで、樹理さんが体験したことを、第2節と第3節でみていきたい。そこでは、樹理さんが、自分の問題に徐々に向き合いはじめる姿が明らかになる。しかし、彼女が本当に自分の問題に向き合うためには、虐待という自分の生い立ちを引き受けることが不可欠となってくる。そこで、第4節から第6節までをとおして、樹理さんが、自分の過去を受け入れていく際に感じる辛さや、彼女の変化を考えたい。

第１節　自分自身からの逃避

本節では、樹理さんがホームに入所した当初の様子をみていき、このときの彼女の課題がなんであったのかを探りたい。

これからくわしく述べるように、樹理さんは、話がきわめて巧みで、よく冗談を言っては、ほかの子どもたちや林さん夫妻を大笑いさせる、非常に明るい少女のようにみえた。知的な能力も高く、このような明るく頭のよい少女がなぜホームで暮らさなければならないのか、筆者に疑問をいだかせるほどであった。

しかし、いつも笑顔をたやさない樹理さんがときおりみせるきびしい表情は、樹理さんの背負っているものが、そうした単なる明るさやユーモラスさだけではないことをも物語っている。そこでまず、樹理さんのこうした二面的なあり方から、彼女が、この時期にどのように生きていたのかを考えたい。

入所当初の堂々としたふるまい

樹理さん（入所時15歳10ヵ月）は、ある年の12月に、ホームで暮らしはじめた。樹理さんがホームで生活することになったきっかけは、非行のため、児童相談所に保護されたことであった。しかし林さんは、樹理さんを児童相談所からあずかる際に、彼女が家庭で深刻な虐待を受けてきたことを知らされていた、と筆者は後に林さんから聞いた。

樹理さんに筆者がはじめて会ったのは、彼女がホームにきて数日がたったころであった。このとき筆者は、樹理さんが母親から虐待を受けてきたことを知らなかったが、このときの彼女のなにげない表情からは、思わずどきりとさせられるような、忘れがたい印象を受けた。

【鋭い視線】 XXX０年12月21日〔3〕

〔私がダイニングで林さんと話していると〕そこに、にぎやかな声が聞こえてきて、Aさん（17歳）と、もう一人、私には初対面の女の子がダイニングに入ってくる〔4〕。彼女は、ちらりと私を見ると、林さんからなにも言われなくても、ていねいに頭をさげる。林さんはにこにこしながら、「樹理ちゃん、自己紹介は？」、とうながした。彼女は、姿勢よく私の前に立つと、「樹理です」ともう一度頭をさげる。にこにこと笑みを浮かべ、頭をあげながら、ちらりと林さんを見た。樹理さんは、顔立ちのはっきりした、大きな目が印象的な少女だ。Ａさんとふざけながら、すっかりくつろいだ様子でイスに腰かけた。そのとき、まわりをなにげなく見まわす樹理さんの目が一瞬とても鋭くなったので、私はびっくりした。じっとだまってあたりを見まわしていた樹理さんに、Ａさんが笑いながら、「ねえね え見て、これおかしいよ」と、林さんのタバコの箱を手にとって言う。Ａさんは、なにがおかしいのかうまく説明できないまま、一人で大笑いしている。樹理さんは、Ａさんのその様子に一瞬ぽかんとしたが、すぐに、「Ａさん、なに言ってんですか」とあきれたように、しかし冗談めかして返した。そのとたんに、鋭い目つきがふっと消えた。

このときの樹理さんの様子には、きわめて印象的な様子が二つある。一つは、樹理さんがすっかりくつろいだ様子で、ほかの子どもとふざけていることである。

ホームで生活しはじめたばかりの子どもは、張りつめた様子で過ごしていることが多い。とくに、先の場面もそうであるが、自由に過ごしてよい時間になると、かえってこわばってしまう子どもは少なくない。ホームでの生活になれた子どもたちは、リラックスした様子でマンガを読んだり、友だちとおしゃべりしたり、ベッドで眠ったりしている。しかしホームにきたばかりの子どもは、どうふるまったらよいのか、どうふるまってはいけないのかわからず、困惑してしまうのである。自由に過ごしてよい時間だと知りながらも、自分からはトイレに行くことさえできない子どももいる。

ホームの子どもたちには、ホームでの生活になれ親しみ、養育者との信頼関係のなかで、くつろいで生活できるようになることがめざされる。そして、どうふるまうべきかを、そのつど自分で選んでいけるようになることが自立の第一歩になる。すると、このときの樹理さんは、入所してきたばかりであるにもかかわらず、一見すると、ホームを出て自立する直前の子どもと同じようにふるまっているようにも見うけられる。

しかし同時に、筆者には強く印象に残ったもう一つの面が、Ａさんが樹理さんを見ていないときに樹理さんがみせた鋭い視線である。それまでの満面の笑みから、あたりをいわばぬかりなく見わたす鋭い目つきと表情へと変わる落差の大きさは、ホームで多くの子どもと出会ってきた筆者も、はじめて目にしたものであった。

このときの樹理さんの大きく異なる二つの表情は、樹理さんのかかえる二面性として、その後、養育上の中心的問題になっていく。そこでまず、このときの樹理さんの堂々としたふるまいの意味について、探りたい。

可能性をそなえていること

このときに樹理さんが、なぜ堂々とふるまっていられるのか、ホームでの生活がすでに長い子どもの堂々としたふるまいとはなにが違うのかを考えるために、可能性をつねにそなえて生きている、という私たちのあり方に着目したい。

私たちは、可能性を実現するという仕方でいつも生きている、とサルトルは指摘する。ここでの可能性とは、物事が実現する見込みや確率や潜在性といったことではない。そうではなく、ひとがこれからおこなおうとするあらゆる営みのことであり、またその営みをどう実現するか、ということである。たとえば、ダイニングに入ってきて初対面のひとと出会ったときに、あいさつをするか、そしらぬふりをするか、それともダイニングを出ていってしまうか、といったさまざまな可能性のなかから、私たちは一つを選択し、実現する。もしも仮に、あいさつするという可能性を実現すれば、そのすぐ後には、その相手との対話をさらにつづけるのか、それともそこで対話を中断するのかを、選択しなければならなくなる。可能性の実現は、このように連続的であり、こうした可能性の連続的な実現によって、私たちは、いわば先へ先へと進んでいくのである。

ところが、ホームに入所したばかりの子どもにとって、こうした可能性をスムーズに実現しつづけることは簡単ではない。なぜならば、林さんと話している〈お客さん〉らしきひとにあいさつすることがホームでは適切なふるまいとされるかどうかが、その子どもにはわからないからである。そのため、あいさつすることが一般的には礼儀正しいふるまいだ、と知っている子どもも、ホームにきたばかりのころは、初対面のひとに出会うと、しばしば立ち往生してしまう。あいさつをしてごらん、と林さんにうながされ、あいさつがふさわしいふるまいであることを保証されて、はじめて、緊張した面もちであいさつができるようになる。

他方、ホームの生活になれた子どもたちは、ホームでは数多い来客にあいさつするべきことや、あるいは先に述べたような自由時間にくつろいでマンガを読んだり、睡眠をとってもいい、といったことを一つひとつ確認しなくても、それらの可能性をスムーズに実現できる。子どもたちは、ホームでの日常生活をへるなかで、どのようなふるまいがふさわしく、どのようなふるまいがふさわしくないのかを、少しずつ覚えていくからである。彼らは、経験をつみ重ね、注意されたことはくり返さないようになる。やがて子どもたちは、たとえ過去にそっくり同じ行為を経験していなくても、ホームでこういうことはしても大丈夫だとか、してはいけない、といった判断が、はっきり意識せずにできるようになる。そうなると子どもたちは、先の場面のAさんが、くったくなく笑いころげながら筆者の横でくつろいでいるように、自然にふるまうことができるようになる。しかしだからといって子どもたちは、自分がこれから実現しようとする可能性がなんであるのかを、把握できているというわけではない[5]。むしろ、ある可能性を実際に実現することによって、自分がそのときそなえている可能性がなんであったのかが、当人には意識されないままに、後から示されるのである[6]。つまり、ホームになれ親しむということは、自分の可能性がなんであるのかを明確に把握しないままに、可能性を連続的に実現できるようになることである、といえる。

しかし、ホームにきたばかりの樹理さんには、ホームで適切とみなされているふるまいを、経験に即してとらえることができない。つまり、ホームでの生活になれ親しんでいる子どもと、一見すると同じように堂々とふるまっているが、そのふるまいがふさわしい、という彼女の確信は、ほかの子どもたちとは違って、ホームでの経験によって支えられているのではないはずである。では、樹理さんのふるまいを支えているものは、なんなのだろうか。このことを考えさせてくれるのは、先に述べた樹理さんの鋭い視線や、また、日常でのなにげない彼女のふるまい方である。

鋭い察知能力の現われ

樹理さんの堂々としたふるまいは、その後の彼女の生活の様子のはしばしにもみられた。その典型例が、食卓での樹理さんのふるまいである。

先に述べたように、ホームの子どもたちは日中社会で働いている。そのため、子どもたち全員が集まる夕食では、ハル子さんの心のこもった食事をたっぷりの時間をかけて味わうことが、子どもたちに対する重要な養育となっている。食卓はいつもにぎやかで、２時間以上にわたる食事を、子どもたちは日々楽しみにしている。食卓での対話の多くは、林さんがリードするかたちではじまる。林さんは、ときには冗談を言ったり、子どもをからかったりしながら、ときには人生や夢や宗教といった事柄を真剣に語り合いながら、子どもたちとの対話を深めていく。ホームにきたばかりの子どもは、林さんのユーモアと迫力あふれる話に圧倒されたり、まごついたりすることが多い。しかし、これまで体験したことのない深遠な話に聞き入ったり、林さんの冗談に笑ったりしながら、子どもたちは次第にホームでの対話になじんでいく。そして、こうした時間をゆっくり味わいながら、自分自身を見つめなおす時間をもつことになるのである。子どもたちは、やがて、職場で困ったことや、生活のなかで感じたこと、人生について考えたことなどを、自分から語ったり、林さんにたずねたりするようになっていく。

他方、多くの子どもたちとは違って、樹理さんは、ホームにきたばかりのころから、気おくれすることなく、しばしば自分から話をリードしていた。話術の巧みな樹理さんがしゃべりはじめると、場が一気にもりあがる、といったことが多かった。こうしたふるまいは、たしかに、樹理さんのいわゆる明るい性格によるものであろう。しかし、それだけではなく、樹理さんの知的能力の高さや、その場の対話のおもしろさを一瞬で見ぬく察知力の現われでもあるはずである。次に示すのは、樹理さんのそうした一面がはっきりと現われている場面である。

【食卓でのからかい合い】×××1年2月8日

みんながだまって食べはじめると、林さんはみんなを見まわして、ニヤッと笑い、「今日、四股《しこ》ふもうかと思っちゃった」、と樹理さんに言った。その林さんの冗談を聞いたB君（18歳）が、大笑いした。樹理さんは、林さんから力士にたとえられてからかわれるのにもうなれたようで、「はいはい」、と言った。林さんは、かかかと笑って、「今、見た？　B君、すごい嬉しそうだったよ」と言う。樹理さんはB君を見て、「Bさん、失礼だなあ」と、非難するように言った。B君は、樹理さんに言われて、あわてて神妙な表情になり、「そんなことないですよ」と言った。そのとき、樹理さんがB君の言葉に重ねるように、「そうそう、林さん聞いてくださいよ。今日、チーフが無断欠勤したんですよー」と、大きな声で仕事の話をはじめた。Ｂ君は、自分の言葉をかき消されたかたちになって、「ちぇ。無視かよ」とぶつぶつ言う。林さんはニヤニヤしながら、二人のそんな様子を見ている。

この場面にあるように、林さんはしばしば、樹理さんを力士にたとえては、彼女のいずまいをからかっていた。このようなからかいは、からかわれている子どもが楽しんでいなければ、子どもを傷つける、無神経な会話になってしまいかねない。実際、林さんにからかわれると、むきになって抵抗したりまごついてしまう子どもも多い。しかしこの場面で樹理さんは、「はいはい」と言って、林さんのからかいをあっさりと受け流してしまう。林さんは、樹理さんによって流されてしまったからかいを、今度はＢ君を巻きこむかたちでつづけようとする。すると樹理さんは、いったんＢ君をとがめてみせながら、そのとがめに対してきまじめに反応するＢ君を無視して、話題をさらりと別のところに移してしまう。今度は、からかわれる対象が、きまじめに反応してしまったＢ君へと、樹理さんによって巧みにすりかえられてしまうのである。

サルトルも指摘するように、私たちは、なにかから話をそらしたり、「あるものから逃れるためには、…そのものをめざさなければならない」[7]。なぜならば、自分がなにから目をそらそうとしているのかを正確にとらえていなければ、それから目をそらすことはできないからである。林さんの冗談を的確にかわせる樹理さんは、林さんのからかっていることが、力士にたとえられるような自分のいずまいだけではなく、そうした冗談にむきになってしまう、いわゆる余裕のなさでもあることを的確にとらえている。そうであるからこそ、樹理さんは、むきになってしまうことをさけ、きまじめにふるまうB君へとからかいの対象を移すことができるのである。

しかも、樹理さんは、林さんのからかう事柄を、ただ的確にとらえているだけではない。彼女は、林さんの言葉にこめられたユーモラスなひびきをも的確に感じとり、そのひびきに自分も加わりながら、話を進めていく。その結果、この対話には、言葉の軽妙なやりとりがもたらすおかしさや楽しさが満ちる。このことは、対話を共に楽しもうという思いを相手が的確にとらえてくれる、という安心感が、樹理さんと林さんとのあいだにあったことを意味している。この一連の対話では、樹理さんによって、林さんのユーモアが強調され、共同的な楽しさが生みだされているのである。

樹理さんのこうしたふるまいに関しては、林さんも、「樹理ちゃんの冗談はいいね、あなたにはユーモアのセンスがあるね」としばしば感心し、ほめるほどであった。また、樹理さんより先にホームで生活していたAさんやB君は、いわゆる内気できまじめなところがあったが、樹理さんが食卓での対話をいつもなごませてくれることで、リラックスしてふるまうことがふえたように筆者には感じられた。このことも、樹理さんの感受性の鋭さを現わしている、といえるだろう。

こうしたことからすると、先の場面に典型的にみられるように、樹理さんの堂々としたふるまいや自信に満ちた軽妙なおしゃべりは、樹理さんのユーモアに現われる、鋭い感受性や高い知的能力によって支えられている、と考えられる。そうであるなら、ホームに入所した当初の樹理さんは、その場にふさわしいふるまい方も、経験によってではなく、きわめて鋭い感受性でもって敏感に察知していたのではないだろうか。【鋭い視線】の場面で、樹理さんがあたりをすばやく見わたしたのは、くったくなく笑っているあいだも、以後の可能性の実現においてなにか不都合なことはないかと、そのときの状況を正確に把握しようとしていたことの現われだったのではないだろうか。

樹理さんの察知力の高さにさらに注目してみると、樹理さんの堂々としたふるまいは、樹理さんがこのときにかかえている問題をも、実は端的に現わしていることがわかってくる。

安らげなさの現われとしての鋭さ

話を的確にそらすことができる、という樹理さんの優れた能力が、ユーモアではなく、まったく別の仕方で発揮されてしまう、ということもしばしばあった。たとえば、体験入所の際の樹理さんの様子について、ハル子さんは、筆者に次のように語っている[8]。

「樹理ちゃんってね、もう私なんかよりぜんぜん頭がよくて、私はぜんぜんかなわないの。体験入所にきたときも、ほら、こっちが気づかないうちに〔勝手に〕いろんなとこを見てまわってたみたいで、もう全部なにがどこにあるか把握してたのね。〔略〕あと、戸棚のなかも全部見ちゃうのよ。〔入所している子ども一人ひとりの状況を記した〕ノートも、知らないあいだに全部見てたみたいで、ほら、ノートは、ほかのひとには見せられないことも書いてあるじゃない。だから私、全部カギのかかるところに移したの。」

樹理さんの状況把握力の高さは、これまで百人近くの子どもたちと共に生活してきたハル子さんが、こんな子どもははじめてだ、と語るほどである。ただし、ユーモラスな対話をつむぎだす場面とは異なり、体験入所での樹理さんは、きわめて強い警戒心をいだきつつふるまっている、とみなせるだろう。開けていいと言われていない棚を探ったり、読んでいいと言われていないノートを読んでしまったりするのは、そうしなければこれから自分がそこで暮らせるかどうか判断できない、つまり、どのような可能性も選択し実現できないという、樹理さんの安らげなさや警戒感を示している。

体験入所にくる子どもは、たいてい、養育者から自分がどのような子どもに見られているかを気にする。ホームでがんばれる良い子どもであることを、少しでも示そうとする。そうした意味で、子どもたちは、きわめて安心感をいだきにくい状態におかれている。しかし樹理さんの安らげなさは、林さんやハル子さんからどう見られるかではなく、自分が施設や養育者やほかの子どもたちをどう見るのか、どう把握するのかにこだわる、という点に現われている。つまり、体験入所のときの樹理さんは、自分の方からその場の状況を把握するという仕方でしか、日々生活するうえでの安心感を得にくい状態にあった、と考えられるのである。

樹理さんの安らげなさは、ほかにもさまざまな場面で感じられた。たとえばある日、スーパーの店員の応対が不十分だったため、その店員を林さんが強くしかったことが、食卓で話題になったことがあった。林さんはしばしば、そうした出来事を、手ぶり身ぶりをまじえてユーモラスに語り、子どもたちは、その痛快さにおなかをかかえて笑う。しかし、ちょうどそのころ、林さんにしかられることが重なっていた樹理さんは、林さんの〈しかる〉という言葉に恐怖感をいだいたかのように、急に、それまでとはまったく違う話をはじめた。このときも樹理さんは、自分の話しはじめた新しい話題を、楽しんでいるようにみえた。しかし【食卓でのからかい合い】の場面で典型的にみられたように、林さんの話の核心を的確にとらえ、ときには自分からもその話をもりあげるのが常である樹理さんのこのときの急な話題転換には、わずかな不自然さが筆者には感じられた。このとき樹理さんは、〈しかる〉という言葉をふくむ話題が、自分のことにまでとび火をしないように、きわめて注意深くふるまっていたのではないだろうか。

また、樹理さんは、ホームで生活しはじめて3週間がたったころ、無断外泊をし、約10日間ホームに帰ってこなかったことがある。しかし、警察に保護されてホームにもどってきた樹理さんは、ハル子さんの心配をあたかもまったく気にしていないかのように、明るくふるまっていた。ハル子さんは、「樹理ちゃんは、まったく反省していないみたい」と、困惑したように語っていた。たしかに、樹理さんのこうしたふるまいは、一見すると、あたかもまったく反省しておらず、そのため、ハル子さんの心配にもいっさい気づいていないかのようにみえる。しかし、事態を的確にとらえられる樹理さんの普段のふるまいから考えれば、このときの樹理さんが、自分の無断外泊に対する養育者の見方に気づいていなかった、とは考えにくい。むしろ樹理さんは、自分の行動がとがめられるべきことを、充分理解していたのではないだろうか。そうであるからこそ、自分の外泊は問題にすべきものではない、という意味をあえて付与しようとして、意図的に、あたかもまったく反省していないかのように、ふるまっていたのではないだろうか。

　こうしたことからすると、きわめて明るく、知的能力も高く、入所当初から堂々とふるまえる樹理さんが、いったいなぜホームで生活しなければならなくなったのか、という筆者の最初の疑問に対する答えの一つがみえてくる。樹理さんの明るさや、知的能力の高さは、逆説的なことに、このときの樹理さんの強い警戒心や安らげなさの現われでもある、といえる。それどころか、樹理さんは、自分のおかれている状況を充分に把握できなければ安心できないからこそ、きわめて高い知的能力を発揮するのであり、また、きわめて高い知的能力があるためよりいっそう、状況を把握できなければ安心して日常生活を送ることができなくなるのではないだろうか。このように、樹理さんの安らげなさと鋭い感受性は、相互にからみ合い、もつれてしまっている。しかも樹理さんの警戒心は、こっそりとノートを見たり、あたかも無断外泊の罪悪感をまったくいだいていないかのようにふるまう、といった仕方で現われる。そのため、彼女の警戒心は、樹理さん一人の問題にはおさまらず、彼女の人間関係にまで大きな影響をおよぼしてしまう。実際、林さんは樹理さんについて、周囲のひとを〈操作〉せずにはいられないという、きわめて根深い問題をかかえている、と筆者に語ってくれたことがある。

こうしたことからすると、樹理さんは、明るく知的能力が高いにもかかわらず、ときにまわりのひとに頼ったりしながら安心して生きていける、という意味での自立の準備が、まだ不十分である、といわざるをえない。しかも樹理さんは、〈しかる〉という言葉を聞いたとたんに、話題を強引に変えてしまう。このふるまいに典型的にみられるように、樹理さんの敏感さは、自分のかかえている安らげなさそれ自体についても、またそこから引きおこされる人間関係の問題についても、樹理さん自身に一瞬で気づかせてしまう。そして、そうした問題から樹理さんをあらかじめ逃避させてしまう。

すると、入所当初の樹理さんは、きわめて用心深く、自分自身から逃避しつづけていた、といえることになる。そして、樹理さんは、この逃避の連続を断ち切るきっかけがなければ、いつまでも、自分から逃げつづけなければならないことになる。このとき樹理さんに必要な養育とは、あらかじめ先まわりして逃避する、という彼女の構えをつきくずし、彼女を彼女自身へと向き合わせてくれるものだったはずである。

第2節　他者との出会い

ホームに入所したときの樹理さんは、明るく、堂々とふるまうと同時に、鋭い視線であたりを見わたしたり、話題をコントロールしたり、林さんの言葉によれば、ひとを〈操作〉せずにはいられない、といった安らげなさに苛まれていた。本節では、そうした二面的なあり方におちいらざるをえない樹理さんが、林さんとの対話のなかで、どのような体験をしたのか、その体験は、樹理さんにとってどのような意味があったのかを、くわしく探っていきたい。

問いつめられる辛さ

樹理さんの方から相手の様子を見ぬこうとしたり、操作したりするような、彼女のいわゆる構えを林さんがくずしていく様子について、まずみていきたい。そして、そのなかで、樹理さんが覚える辛さがどのようなものなのかを探りたい。

次の場面は、【食卓でのからかい合い】の場面の少し後の様子である。樹理さんの軽妙なおしゃべりによって、食卓は楽しい雰囲気に満たされていた。

【麻薬】　XXX1年2月8日

樹理さんが、「今、そういうキャバクラとかよりももっと恐いのってなんだか知ってますか？」、と林さんに少し自慢げな口調で言った。林さんは、だまって、樹理さんの様子を眺めてから、「なあに？」とたずねる。樹理さんは、「クラブですよ」と言った。そして、「クラブって、すごい麻薬がとびかってるんですよ」と、したり顔で言う。Cさん（18歳）たちが一斉にうなずく。「麻薬！」とハル子さんが、目を見ひらいて言った。「渋谷とか行ったらすごいもん。センター街とか、外人がいて、よく売ってるよね」と、Cさんは言った。〔略〕「とくにね、トランス系のクラブが危ないんですよ」と樹理さんは得意げな様子でつづける。すると、それまでじっとだまって聞いていた林さんが、「樹理ちゃん、なんであなたそんなことくわしいの？」と、慎重な口調で言った。樹理さんは、まだ得意げな表情が消えないまま、「聞いたんですよ。やってるひとから」と言う。林さんが「ふうん？」と疑わしそうな表情になって言うと、樹理さんはあわてて、「本当ですよ。私が家出してたときに、友だちのうちに泊めてもらってて、そのひとが〔麻薬を〕やってたんですよ。で、樹理もやってみなよって言われたけど、私はやらなかったの」と説明をはじめた。林さんは、「なんでやらなかったの？」と鋭い口調で言う。樹理さんは、「なんでって」と言って口ごもった。そして、注意深く、「だって怖いでしょ」と言う。林さんはじっとだまって、樹理さんを眺めていた。樹理さんは、うろたえたような表情になって、さらになにかを言いかけたが、林さんの方をちらりと見て、ぴくりと表情を動かすと、だまった。樹理さんの表情は、少しずつこわばってきた。〔略〕樹理さんはいきなり立ちあがると、「ごちそうさま」と低い声でつぶやき、ダイニングを出ていってしまった。自分の部屋にもどったようだった。

この場面での樹理さんは、林さんに問いつめられるまで、自慢するような口調で話している。おそらく彼女は、クラブや麻薬といった話題に〈かっこよさ〉を感じており、なかなか知りえないことを自分が知っていることや、その内容の過激さを、自慢したい気持ちでいるのだろう。このときの樹理さんは、ほかの子どもから称賛されそうな話をさらにするという可能性を、次々に実現しようとしている。つまり、このとき樹理さんは、自分がさらに語るという可能性をいちいち把握することなく、その行為にいわば没頭している。そのため樹理さんは、このときの話題を価値あるものとみなしている自分が、林さんの価値観に即せばどう判断されるのかを、充分了解できずにいたはずである。

「なんであなたそんなことくわしいの」という林さんの問いかけによって、樹理さんは、得意げに語るというそれまでのふるまいを中断せざるをえなくなる。そして、この問いに答えることにより、樹理さんは、林さんが自分に向けている否定的な視線を、はっきりととらえることになる。

林さんに疑わしい目で見られている、と気づいたとたんに樹理さんは、林さんをなんとか信用させようと、自分の答えに補足を加えざるをえなくなる。たとえば樹理さんは、「私が家出してたときに…」という言葉につづけて、「そのひとがやってたんですよ」と説明を加える。ところが、こうした説明は、林さんを納得させることができない。それどころか、むしろ、さらなる補足をしなければ林さんの信頼を得られないことに、樹理さんは気づかされてしまう。つまり、説明を一つ加えるごとに、その説明に含意されていること、たとえば麻薬を服用する友人の家を泊まりあるいていたことや、友人のそうしたふるまいをとめなかったこと、それだけではなく、自分も麻薬を服用していたのでは、と林さんから疑われうることにも、気づかされてしまう。だからこそ樹理さんは、最後にには、林さんから問われていないにもかかわらず、「私はやらなかったの」と釈明せざるをえなくなる。このときの樹理さんは、もはや説明をとめることのできない、深刻な安らげなさにおちいっている、と考えられる。

とはいえ、このときに樹理さんは、林さんが自分をしかじかだと見ているから、こう補足しよう、と考えているのではないはずである。むしろ、林さんに非難されていることを樹理さんが悟るのは、補足した事柄に対してさらに補足しようとしている自分に気づくときである。説明をすればするほど、樹理さんは、自分のその説明では林さんを充分満足させられず、さらに説明を加えなければならない、とますます実感したのではないだろうか。

このとき、「なんで」という林さんの問いは、説明をとめられなくなっている樹理さんの意識をいったん中断させ、林さんが自分に対してなにを問いかけているのか、という問題に彼女自身を直面させるはずである。事実、樹理さんは、それまでのとめどない説明から一転して、言いよどみ、慎重に言葉を選ぶようになる。それどころか、最後には、こわばってだまりこむ。「なんで」と問われたその瞬間に、彼女は、これまでのどのような説明も、また、これからするどのような説明も、林さんの批判的な視線にたえられない、きわめてもろいものでしかないことを悟るのではないだろうか。

たしかに、このときの樹理さんにはまだ、たとえばその友だちとの関係をより具体的に説明したり、自分が麻薬についてどのように考えているかを説明したりする、といった可能性が残されている。なにかを言おうと口を開きかけたことからすると、樹理さんは、こうした可能性の一つを、まさに実現しようとしていたのかもしれない。にもかかわらず、その可能性を実現できずにだまりこんだことからすると、その可能性もやはり自分を助けてくれるものではないことに、樹理さんは口を開きかけると同時に気づいてしまったのだろう。樹理さんは、林さんが、樹理さんのこれから補足しようとする説明を「予見してしまっており」、樹理さんの「そうした行動に対してすでに身がまえてしまっている」[9]と感じる。そうであるからこそ、それらの可能性は、もはや実現できない可能性として、樹理さんにとらえられることになるのである。

それどころか、サルトルにならって述べれば、林さんに先まわりされてしまう、という仕方で自分の可能性をとらえる樹理さんは、自分が、当の可能性によって支配され、誘惑されていることにも、気づかされることになる[10]。それらの可能性は、サルトルにいわせれば、困難な状況から「逃れようとする、〔そのひと自身の〕傾向」そのものにほかならない〔11〕。そのため樹理さんは、言い訳をしたり、とっさに弁明してしまう、といった弱さをもつ者として、自分自身をとらえることになる。つまり、自分がこれからしようとしているあらゆる言い訳の可能性がなんであるかを、すみずみまで了解するのは、そうした可能性をそなえている弱い自分自身への気づきと同時なのである。

では、このとき樹理さんは、なぜ、林さんという他者と出会うことによって、自分自身の弱さに気づかされるのであろうか。この答えを探るために、他者によって見られる、という経験について考えたい。

戦慄をともなう他者経験

サルトルによれば、もっとも典型的な、他者によって自分自身に直面させられるときの私たちのありようは、恥ずかしさを感じるときである。他者に会ったとたん、それまではまったく気になっていなかった自分の服装やふるまいが、ひどくまずいものだ、という感覚におそわれ恥ずかしくなる、といった経験をしたことがあるひとは、少なくないだろう。こうした経験では、私を見ているあの他者はしかじかのようなひとだから、私をこのようにとらえているのだろうとか、他者のそうしたとらえ方は、私自身のとらえている、自分にとってのいわば〈真の私〉と重なっているとか、違っている、等々を考えているのではない。そうではなく、他者に出会い恥ずかしさを覚えるその瞬間、私たちは、いっさいの判断や論理的思考をさしはさむことなく、他者に見られている自分自身のあり方そのものに直面するのである。つまり私たちは、「〈相手の考えやこれから生じる事態を〉推論して心がまえすることなどまったくないまま、直接、私の頭のてっぺんから爪先までかけめぐる戦慄《せんりつ》」を経験するのである[12]。

樹理さんは、林さんに向き合うことによって、林さんにとらえられてしまっている彼女の弱さや言い訳がましさに、戦慄のごとく直面させられるのである。樹理さんは、林さんに問いつめられている当初は、林さんを納得させようとして説明をしている。しかし次第に、そのようなふるまいをする自分自身へと、向き合わされることになる。

このとき、他者に見すかされてしまっているのは、はもはや正当化できないような自分の姿である[13]。他者の目に映る、ひどくまずいふるまいをしてしまった自分は、決定的なものであり、どのようにしても、言い訳したり、正当化できるものではない。それどころか、もはや私には、その姿と、自分自身でとらえている〈真の私〉とを比較したり、〈真の私〉と他者のとらえる私との重なりや違いを、なんらかの仕方ではかったり選択したりすることさえできない[14]。

ここで注意しておきたいのは、他者からとらえられてしまった、と感じられる自分の姿は、「他者が現われる以前から、私のなかに潜在的にあったのではない」[15]、ということである。林さんに見すかされてしまった、麻薬を服用したと疑われてもしかたない者としての樹理さんや、さまざまな言い訳をする弱い者としての樹理さんは、林さんが見すかす前からすでに、樹理さんのいわゆる本質として、樹理さんのなかにあったものではない。というのも、もしもそうであるならば、樹理さんは、彼女自身の高い察知力で、そういう自分自身に直面させられることのないように、話を巧みに誘導できたはずだからである。

したがってこのときに樹理さんが味わったのは、林さんにきびしく問いつめられた辛さだけではないはずである。林さんに批判的にとらえられている自分の姿が、自分自身にまさにそなわっている可能性として、樹理さんにありありと感じられてしまうこと。それは、もはや言い訳や正当化のできない姿であること。しかも戦慄のように樹理さんにおそいかかり、自分に向き合うようにと強いること。こうしたさまざまな辛さが一気に樹理さんにせまってきて、彼女はだまりこまざるをえなくなった、と考えられる。

先にみたように、樹理さんはたいていの場合、自分がさけたいと思っていることに敏感に気づき、そこから巧みに逃れてしまう。なにか不都合が生じそうな場合には、そうした不都合が生じないように細心の注意をはらい、話を誘導していく様子もみられる。自分自身へと向き合わされる辛さをさけるために、なかば意図的ではないか、と筆者には感じられるような仕方で、話をいわば〈けむにまく〉こともしばしばある。たとえば、就労の面接で必要になる写真を用意したのかと林さんに問われたとたん、その問いが樹理さんに理解できないとは考えにくいにもかかわらず、林さんの言葉をはぐらかし、すぐには答えようとしない、ということがあった。こうしたふるまいは、ささいなこととはいえ、いやむしろ、ささいなことだからこそ、よりいっそう、林さんの言葉に直接向き合わされることのないように、という樹理さんの細心の警戒心を明らかにしてしまう。林さんの働きかけによって自分自身に直面せざるをえなくなる前に、それを回避するべく、樹理さんが敏感に気を配らざるをえないことが、あらわになってしまう。だがそのように逃避的にふるまっているかぎり、いつまでたっても樹理さんは、状況を鋭敏に把握しつづけなければ安らげない、という彼女自身の問題に直面することができない。

しかしながら、樹理さんは、この対話において林さんによってとらえられてしまっている自分自身に、戦慄のごとく直面させられる。自分がこれから実現しようとするあらゆる可能性と、その可能性にふくみこまれている彼女自身の安らげなさに、直接向き合わされることになる。樹理さんはこのとき、日ごろのあり方とはまったく異なるあり方へと導かれたはずである。安らげなさと鋭い察知力とのもつれにからめとられていた樹理さんは、林さんに問いつめられることによって、はじめて、自分の問題へと直面することができたのではないだろうか。

第3節　他者からの眼差し

これまでみてきたように、樹理さんが自分自身の課題に直面できたのは、林さんに問いつめられたからこそである。彼女の課題は、彼女自身の能力の高さによってはのりこえられないからこそ、樹理さんにとって林さんの働きかけは、きわめて大きな意味をもっていた、と考えられる。

樹理さんはほかにも、林さんからきびしい働きかけを受けることがしばしばあった。こうした体験は、当然のことながら、樹理さんにとって快いものではなかったであろう。

石化する身体

【麻薬】の場面のように、かなり意図的に強い口調でせまり、樹理さんを彼女自身へと向き合わせるように林さんが働きかけることが、この後もしばしばみられた。そうしたことがつづくなかで、樹理さんは、ホームでの生活そのものに居心地《いごこち》の悪さを覚えていったようである。ホームでは、仕事が休みの日をのぞき、７時半までに帰宅し、みんなで一緒に食卓をかこむ決まりになっている。しかし、その食卓で何度も林さんからしかられる樹理さんは、食卓にいるのが辛くなってきたかのように、遅刻がふえはじめた。

次の記録場面は、【麻薬】の場面の3週間後のものである。樹理さんは、この場面の2日前にも門限に遅刻しており、優しくではあったが、林さんにたしなめられていた。にもかかわらず、彼女はこの日も、門限の時刻を1時間近く過ぎて、ようやく帰宅した。

【階段のきしむ音】XXX1年2月28日①

8時25分に、玄関で音がして、樹理さんが帰ってきた気配がした。小さな音だったが、林さんもすぐに、「あ、樹理ちゃん帰ってきたね」と言った。しかし、樹理さんがダイニングに入ってくる気配はなく、しばらくすると、2階にそっとあがる音が聞こえた。階段がいくらか老朽化しているので、あがるときには、どんなに音をたてないようにしても、階段のきしむ音がダイニングにまで聞こえてしまう。しばらくしても樹理さんがダイニングに入ってくる気配がないのを感じたのか、ハル子さんが、「私、声をかけてきますね」と言うと、林さんはうなずいた。ハル子さんはろうかに出て、階段の下から、「樹理ちゃん、帰ってきたなら一度ごあいさつにいらっしゃいな」と声をかけた。

樹理さんは、門限に連日遅れたことを林さんにしかられる、とわかっており、1階にいるみんなにあいさつをせずに、こっそりと2階にあがってしまう。このことは、この記録場面の2日前、林さんに優しく注意されたときにも、実は樹理さんが深く反省していたことを物語っている。樹理さんは、同じ過ちをふたたびくり返すことはゆるされない、と強く思っており、そう思うからこそ、この日は、同じ過ちをくり返してしまった自分を、２日前のように林さんの前にさらすことができなくなってしまっているのであろう。

とはいえ、ホームへ帰ってくる道中での樹理さんは、帰宅した後、ダイニングに入って林さんにあやまる、という可能性を自分のものとしていた、と考えられる。というのも、この日、２日前と同じように林さんが優しく注意するのであれば、樹理さんは、それほど辛い思いをすることはないからである。この日樹理さんが、遅くなっても無断外泊せずホームに帰ってきたということは、帰宅途中の樹理さんが、林さんのそうした関わりに期待できたことを物語っている。ホームに近づけば近づくほど、樹理さんは、こんなふうにあやまろうとか、林さんの言葉にはこう答えようとかいった、謝罪する可能性を詳細に検討し、それを間違いなく実現しようと意気込んでさえいたのではないだろうか。

ところが、玄関を開けると、ろうかの暗がりの向こうには、ダイニングのドアや、そこからもれる光や、林さんたちの話し声が現われる。樹理さんは、ろうかを歩くという可能性を実現しさえすれば直面してしまう位置に、林さんが待ちかまえている、という事実を目のあたりにする。このとき樹理さんには、自分のふるまいを林さんがしばしば強く非難し、問いただしたり、しかったりするという、これまでの経験から身をもって知っている事実が、はっきりと思い出されたかもしれない。すると、ダイニングでのにぎやかな声が耳に入ってきたとたんに、樹理さんには、林さんに強くしかられるという、自分がこうむりかねないもっとも辛い可能性を、まさに戦慄のごとくはっきりと実感してしまったのではないだろうか。そして、林さんにすなおに謝罪するという可能性を、もはや実現できなくなってしまうのではないだろうか。

このとき、樹理さんの目は、同時に、2階の自室につながっている階段をとらえている。階段をとらえたその瞬間に、それまでは「潜在的な可能性」にすぎなかった自分の身を隠すという可能性が、しかられるのをさけるためにはっきりと「与えられた可能性」[16]となる。しかもそれは、すなおに謝罪する可能性がもはや実現不可能となっている以上、唯一の可能性として樹理さんにせまってくる。林さんからこうむりそうな叱責、林さんの鋭い視線が、樹理さん自身に、自分には隠れるという可能性があることを、またそれ以外の可能性は実現しえないことを、あらわにしてしまうのである。

他者の眼差し

このときに樹理さんが体験しているような、自分のあるがままの姿を樹理さん自身に知らしめる他者の視線。自分の可能性がなんであるのかを戦慄のごとく自分自身にあらわにしてしまう、他者の視線。このような視線を、サルトルにならって、「眼差し」と呼ぶことにしたい[17]。

樹理さんを自室へと隠れさせてしまう林さんのこの眼差しは、きわめて強く樹理さんにそそがれている。ふつう私たちは、他者から見られているとき、同時に私の方からも他者を見ることができる。他者を眺めるとき、私は他者とのあいだに距離をとり、他者を対象としている。しかしながら、この場面で樹理さんは、ドアの向こうにいる林さんの視線を一方的に感じているだけであり、樹理さんの方からは林さんを見ることができない。樹理さんは、林さんから距離をとって、林さんの視線を冷静にとらえるのではなく、林さんの眼差しに、いわばおそいかかられてしまっている。

このとき樹理さんは、今の自分のあるがままの姿を眼差されるだけではない。林さんの眼差しによってさらに照らしだされてしまうのは、遅刻をていねいにあやまったり、明るく「ごめんなさい」と言ってごまかしたりする、といった樹理さんのこれからのあらゆる可能性である。そしてそれらの可能性は、林さんに眼差されているため、樹理さんにとってもはや有効ではない。そのため、ろうかを歩いてダイニングに入ろうとしても、樹理さんの身体は、サルトルのいうように、「石化」[18]してしまい、動けなくなってしまうのである。つまり、あやまるためのあらゆる可能性が林さんに見すかされ、「凝固」してしまうのである[19][20]。

すると、樹理さんにそなわっているほかならぬ彼女自身の可能性に、大きな変化が生じてしまう。というのも、樹理さんは、２階にあがって隠れてしまうという可能性を、自分の「外部から、つまり、他人〔＝林さん〕を介して知る」[21]からである。このとき、この可能性は急に現実味をおびてくる。ただしそれは、このときの状況に即して、樹理さん自身によって選びとられた可能性ではない。その他の可能性は林さんの眼差しによってもはや有効でないものとなってしまい実現できないため、樹理さんは唯一残された、階段をあがる、という可能性を実現するしかない。樹理さんは、この可能性を実現するよう、林さんの眼差しによって強いられてしまっているのである。林さんの眼差しは、樹理さんから彼女自身のものであったはずの可能性をうばいとり、「他人（＝林さん）のものにしてしまう」[22]。樹理さんが2階に逃げこんだのは、樹理さんが自分の可能性をことごとくうばわれてしまい、もはや、なんらかの可能性を選択し実現する、という人間本来のあり方ではいられなくなってしまったことを意味している。

離れても感じる養育者の眼差し

しかし、樹理さんが階段をあがるときの階段のきしむ音は、１階でその音を聞いている林さんの存在を樹理さんに強く意識させたはずである。おそらく、普段なにげなく階段をあがっているときには、かなり大きな音が鳴っているはずであるにもかかわらず、樹理さんがその音に気づくことはなかっただろう。ところが、この瞬間には、ダイニングのどんなにぎやかな対話をもかき消すほどの大きさでもって、樹理さんの耳にひびきわたったはずである。

可能性をうばわれているにもかかわらず、樹理さんの身体は、厳然たる事実として階段の上にある。ギイッとひびきわたる音は、この事実を樹理さんにつきつける。階段のきしむ音は、ダイニングにいる他者に自分の帰宅を知らせてしまうだけではなく、こっそり2階にあがってしまう自分の後ろめたさを、林さんにも、また彼女自身にも知らせてしまうのである。

　樹理さんはこれほどまでにありありと林さんの眼差しを感じざるをえない。しかもこの辛さは、林さんからしかられるのをさけ2階にあがる、ということによっては回避できない。なぜなら、2階にあがらざるをえないということ自体が、すでに樹理さんは自分に対する林さんの強い非難を実感している、ということにほかならないからである。同じように、彼女は、自室に閉じこもっても、決して安心していられないはずである。このとき樹理さんは、「おりてきなさい」といつ声をかけられるかおびえ、身体をこわばらせ、じっと耳をすましていたのではないだろうか。実際、普段ならば、自室で動きまわる音がダイニングにひびいてくるのに、このときに樹理さんの部屋からはなんの物音もしない。しかしながら、その静けさまでもが、部屋でじっと身をすくめているであろう樹理さんの身体を、ダイニングにいる林さんにまざまざと知らせてしまうのである。それゆえ、自室にこもっている樹理さんは、実際にはいまだ林さんにしかられていないにもかかわらず、すでに今しかられているかのような辛さをありありと実感していた、と思われる。

反省の手本としての謝罪

ハル子さんに声をかけられた樹理さんは、ダイニングにおりてこざるをえなくなる。とはいえ、あれほど辛さを感じていた樹理さんが林さんの前に姿を現わすには、かなりの覚悟が必要だっただろう。【階段のきしむ音】の場面は、次の場面へとつづいていく。

【すなおな謝罪】 XXX1年2月28日②

しばらくして、樹理さんがようやくおりてきた。樹理さんはダイニングに入ってきたとたんに、ドアのところで、「ごめんなさい」と大きな声で言うと、頭を深くさげた。林さんはなにも言わずに、しばらくじっと樹理さんの様子を見ていた。少しして、「まあ入りなさいよ」と林さんが言うと、樹理さんはおずおずと部屋に入ってきた。そして、自分の席の前で立ちどまった。「どうして上に行ったの。なんで最初にこの部屋にこなかったの」と、林さんは淡々とした声で言った。樹理さんは少し困ったような表情を浮かべ、「〔遅刻が〕つづいてたから」と低い声で言う。「そうだよ、あなた、このところつづいてるよ」と、林さんは少し低い声になって言った。「まあ座りなさい」と林さんが言ったので、樹理さんはおずおずとイスに座る。「どこでなにしてたの」と、林さんはきびしい口調で言った。樹理さんはだまったままだ。しばらくして、「どこって」と低い声でつぶやく。「こんなに遅い時間まで、どこで、だれと、なにをしてたの」と、林さんはつづける。「なにをしてたっていうわけじゃないんですけど」と樹理さんは、しばらくして、用心深く切りだした。「Dさん（17歳）と会ってました」。樹理さんが言うと、林さんは、ふうんと少し考えるようにうなずいた。「僕は、あなたがDちゃんと会うのは反対だな」。林さんが少しして切りだすと、樹理さんはうなだれる。しかし、それは林さんの言うことを最初から予想しており、あえてうなだれたかのように、私にはみえた。

樹理さんがダイニングに入ってきたときの様子は、表情も、行動も、彼女の反省をありありと現わしていた。樹理さんは自分の過ちを悔い、深く反省しており、もはやそれ以上反省する必要などないように思われる。しかし林さんは、樹理さんの反省は充分だ、といった優しい言葉を投げかけない。林さんは、樹理さんがこの日なにをしていたのかたずね、さらには、樹理さんのその行動に「反対だ」とまで言う。

Ｄさんは、樹理さんとほぼ同時期にホームで生活しはじめた、樹理さんより1歳上の少女である。入所してすぐ樹理さんが無断外泊をしたときにも、一緒に無断外泊をしたりと、しばらくは親しいつき合いをしていたようであったが、やがて、二人の仲はうまくいかなくなってしまう。そしてＤさんは、この場面の3週間ほど前に、ホームから出ていってしまった。樹理さんとＤさんとの仲たがいについて筆者はさほどくわしく知らないが、Ｄさんがホームにいられなくなってしまったことに樹理さんが大きく関わっていたことや、そのため、Ｄさんは樹理さんに対してきわめてネガティヴな感情をいだいていることは、ホームでの普段の対話などから筆者にもおのずと伝わっていた。

このような経緯からすれば、樹理さんにとって、Ｄさんの話題はあまり居心地の良いものではなかったはずである。しかし樹理さんは、自分からＤさんの名前を口にする。林さんがＤさんの話題をつづけると、その話題をすなおに受け入れているようにもみえる。普段の樹理さんは、林さんにしかられているときにはむっとしたり、反抗的な表情をちらりと浮かべることが多い。たとえば【麻薬】の場面では、樹理さんは、いらだちをあらわにしながら、だまってダイニングを立ち去ってしまった。樹理さんのそうした普段のふるまいとは違って、この場面では、むしろ、従順にふるまっていることに、筆者は、なんとなく違和感をいだいた。

このときの樹理さんは、うなだれたり、しかられる前からあやまったり、またイスに自分からは座らないなど、反省を示しつづけている。しかしながら、本当に反省するということは、きわめて複雑で微妙な行為である。というのも、私たちは、自分の過ちに気づき深く反省すると、もはや、なかばゆるされたような気持ちになってしまうことがしばしばあるからである[23]。こうした気持ちをのりこえて反省しつづけるには、自分がゆるされたような気持ちになってしまっていることにも気づき、そうした自分のいわゆる甘さをもいましめるのでなければならない。このように、真の反省には終わりがなく、自分の反省はまだ不十分だ、と謙虚に感じつづけなければならないのである。

たしかに樹理さんは、ろうかで、また自室で、林さんの見えない眼差しを受けながら、しかられるようなことをまたやってしまった、と深く後悔していたであろう。このときに樹理さんは、心から反省していた、と想像される。しかし、ダイニングに入ってきたときの樹理さんのきちんとした反省の様子からは、先述したような、本当に反省し、充分に反省していないことにまた反省する、といった苦悩や不充足感を、彼女がいだいているようには感じられない。むしろ樹理さんは、林さんの前では、真の反省と「そっくり同じ型ではあるが、しかし規範にのっとった完全な感情として」[24]の反省を、自分のふるまいで表現しようとしていたのではないだろうか。彼女は、反省のいわば手本を示すことで、それ以上の反省に追いこまれることがないようにと、ふるまっていたのではないだろうか。本来、樹理さんにとって不都合なはずのDさんの話題になっても、動じることなく、林さんの言葉にすなおに耳をかたむける樹理さんの様子は、なにを言われても反省の型をくずさないことが、このときの樹理さんにとって安心できるただ一つの構えであったことを、はっきりと物語っている。

内的な否定を向けられる辛さ

このように考えられるのは、【すなおな謝罪】にみられる樹理さんのふるまいが、その後大きく変化するからである。手本のようにきちんとあやまり、Dさんとの関係をとがめられてもおとなしくうなだれている樹理さんに、林さんは、次のように話しかける。

【ウソをついてばかり】ＸＸＸ１年２月28日③

「Dちゃん、今どうしてるの」と林さんがたずねると、樹理さんは、「あ、なんか、友だちのお母さんのお友だちのおうちで内職してるって言ってました」と答える。林さんは、「いや、それは信じられないな。そんないいひと、なかなかいないよ。困ってるんじゃないのかな」と、首をかしげて言う。樹理さんは表情を変えなかった。「あなた、Dちゃんと一緒にいたのなら、Dちゃんが困ってるのわかってるんでしょう。なんで平気な顔してただ会ってるだけなの」。林さんは、あいかわらずきびしい声だ。樹理さんはうつむいて、肩にぎゅっと力を入れて林さんの話を聞いていた。「Dちゃんが困ってるのはあなた、知ってるんでしょう。あなたとDちゃんでウソつき合って、それでお互い困ってしまってDちゃんここを出ていったの、あなただってわかってるんでしょ。〔略〕僕が、〔樹理さんが〕Dちゃんと会うのを反対するのはそこだよ。ホームのことを、本当のことを伝えてくれればいいけど、Dちゃんに本当のこと伝えてないでしょう。あなた、どこでもそうでしょう、あそこでウソついて、こっちでもウソついて、ちゃんと、ホームはDちゃんが帰ってくるのを待ってるっていうことを、伝えてないでしょう。あなたとDちゃんが、それぞれウソをつき合って、それでDちゃんは、いろんなことがばれて帰ってこられないのに、そんなの友情じゃないでしょう。え？」。林さんが勢いよくしゃべるので、樹理さんはじっとしていたが、ウソばかりつくと言われたときには、むっとしたような表情になって、顔をあげた。「あなた、ちゃんと言ってる？　Dちゃんに、ホームに帰っておいでよって。一緒に会ってたなら、今から一緒に電話して、ご飯食べようって。林さん待ってるよって、ちゃんと言ってるの？　今でも連絡をとってるぐらいなら、そのぐらいの友情があるのなら、ちゃんとDちゃんのことを考えなさい。自分の都合の良いようにばっかりしてるんじゃありません」。林さんがそう言うと、樹理さんはむっとしたように、「言ってますよ、ちゃんと。Eちゃん〔25〕と私は伝えてます」、と少し小さな声で言った。「Eちゃんは言ってるかもね。そういう子だから。でも、あなたは言ってるの？ 僕はウソだと思うな」。林さんの断定するような強い口調に、樹理さんは本当にむっとしたようだったが、すぐに息を大きくはいて、あきらめたような表情になった。〔略〕「あなた、ウソをついても、こっちにはわかっちゃうんだよ。それを知っておいた方がいいよ。あなたはそれでそんなにDちゃんと仲がいいのかね。Dちゃんになんて、普通の神経じゃ会いにいけないよ。Dちゃんは、あなたに追いだされたようなものだよ。少なくとも向こうはそう思ってるよ。ここを出ていくときには、ものすごくあなたのこと恨んでたんだから。知ってるんでしょう」。林さんは強い口調で言い、それからじろりと樹理さんを見つめて、だまっている。樹理さんは、必死に怒りをおさえるように、肩でゆっくりと深く息をした。樹理さんがようやく動きだそうとしたとたんに、林さんがまた強い口調で話しだした。「ひとを操作することを覚えたらだめだよ。それはぜったいにしちゃだめだよ。〔略〕ひとを利用して生きてはぜったいにいけません」。樹理さんがいらいらしているのが、となりにいる私にまで伝わってくるようだった。樹理さんはじっとだまったまま、こみあげてくるものをおさえるように、無表情を決めこんでいた。なにも言わないし、まったく動かない。じっと、肩をこわばらせて、嵐が過ぎ去るのを待っているようだった。

林さんの言葉にすなおに耳をかたむけていた樹理さんに対し、林さんは、Dさんがホームに帰ってこられないのは樹理さんのせいであり、樹理さんはどこでもウソをついてばかりいる、といったきわめてきびしい言葉を投げかける。「なんで平気な顔してただ会ってるだけなの」という林さんの言葉に対しては、身体に力を入れながらも静かに聞いていた樹理さんであるが、「あなた、どこでもそうでしょう、あそこでウソついて、こっちでもウソついて」と決めつけられるように言われると、はじめて、それまでのいわゆる従順な態度とは異なり、むっとしたような表情を浮かべ、林さんに対する抵抗感を示す。そして、Dさんに本当のことを言っていないだろう、と言う林さんに対し、「言っていますよ、ちゃんと」と、反論せずにはいられなくなる。

樹理さんのこうしたふるまいは、自分からあやまったときの彼女の様子とは、大きく異なる。樹理さんのこうした反応が引きだされるのは、林さんの言葉が、樹理さんにとって、とうてい受け入れることのできないものだったからであろう。実際、たとえ、樹理さんが林さんやほかの子どもになんらかのウソをついたことがこれまであったとしても、彼女は、完全な〈ウソつき〉ではありえない。彼女はウソをついていないことも当然あるだろうし、また、ウソをつくことを正しいと思っているわけでもないであろう。したがって、林さんのこの言葉を、不当で理不尽なものと感じ、それまでの沈黙をやぶって反論せざるをえなくなるのも当然である。そして、思わず反論してしまう、このときの樹理さんの様子にこそ、彼女のいわゆる本心が現われているように、そばで見ていた筆者には感じられるのである。

2階にあがってしまえばそのことでさらにしかられる、とわかりつつそうせざるをえなかった樹理さんが、ダイニングへおりてくるためには、それを可能にするだけの、強い支えを必要としたはずである。そのため、私たちの多くがたいていそうするように、このときの樹理さんは、林さんからきびしく眼差される辛さにたえるための、いわゆる心の準備をしていたのではないだろうか。たとえば、しかられるだろうから下を向いていようとか、こうたずねられたらこう答えようといったように、自分のなかで、これからとりうる可能性を思い描いておいたのではないだろうか。

もしもそうであるならば、このときの林さんの、「そんなの友情じゃないでしょう、え?」、「自分の都合の良いようにばっかりしてるんじゃありません」、「あなたは言ってるの? 僕はウソだと思うな」といった断定的な言葉は、樹理さんのそうした構えを、つきくずしてしまうはずである。樹理さんは、遅刻したことや、Dさんと会っていたことについても、それなりの言い訳を用意していたかもしれない。しかし林さんは、「言ってますよ、ちゃんと。Eちゃんと私は伝えてます」という樹理さんの反論にも、あたかもまったく耳を貸していないかのようである。林さんは、樹理さんの構えではまったく対応できない仕方で、樹理さんにせまってきた、と考えられる。

しかも、このとき林さんが樹理さんに投げかけた言葉は、ただ単に、樹理さんの行動一つひとつを否定するだけではなく、樹理さん自身の内面をもきわめて強く否定するものであったはずである。サルトルが述べるように、私たちの内面や本質に関わる「内的な否定」によって、「特定の性質が拒否されるだけでなく、この拒否そのものが、…否定される者の内的な構造のなかにまで、影響をおよぼしにやってくる」[26]。〈ウソつき〉というネガティヴな決めつけは、樹理さんを「内面から性格づけ」、彼女の性質を「貧しいものにしてしまう」[27]。樹理さんは、林さんのこの言葉を受け入れまいとしても、言葉をつきつけられるだけで、もはや、「自分の存在の全体を肯定的なままにしておくために、そこに手を触れないでおくだけではすまなくなってしまう」[28]。このとき彼女には、ダイニングにおりてきたばかりのときとは異なり、従順にうなだれ、しかられる者の手本のような姿となることで、しかりつける林さんやしかる言葉そのものから距離をとることが、もはやできなくなってしまっているのである。

ウソつきと決めつけられることが、樹理さんにとって、きわめて苦しい体験であったことは疑いえないだろう。事実、樹理さんは、たえがたい様子で、だまりこんでいる。このとき樹理さんは、反論することとだまることとの二つの可能性から、だまることを選択しているのではないはずである。林さんの強い口調は、反論する余地もないところまで樹理さんを追いこむのであり、ひとたび反論すれば、さらにきびしい言葉があびせられることを樹理さんは感じざるをえない。林さんの眼差しは、樹理さんの反論のあらゆる可能性を「予見すると同時に、先まわりをしている」[29]。そのため樹理さんは、林さんにすでに見すかされてしまった反論しか、自分の可能性として発見できない。

しかしこのことは、これまでつねに、自分を守るために相手からの非難や否定を用心深くさけてきた樹理さんが、はじめて、自分を守るための可能性を選択できないほど強く、林さんからの否定をこうむったことを物語っている。ここにいたって、樹理さんははじめて、本当の意味で、林さんの言葉に内面を強く動かされることになったのではないだろうか。

第４節　自分自身へと向き合う

樹理さんは、林さんからのきびしい言葉と眼差しによって、彼女が逃れようとしていた自分自身の前に、いわば、引きずりだされる。この出来事は、第三者からみれば、樹理さんが自分自身の課題の課題に向き合うという、価値ある体験に思われる。しかし、対話をはじめとするひととのさまざまな関わりをきわめて高い察知力をもって巧みにコントロールできる樹理さんにとっては、これまで味わったことがないほど、辛い経験となったのではないだろうか。

しかしながら、樹理さんと林さんの対話は、辛いだけで終わってしまうのではない。内面を強くゆさぶられながらも、樹理さんは、その対話のなかで、きわめてわずかではあるが、しかしはっきりと変化していく。本節では、林さんとの対話にたえうる樹理さんのあり方をみていくことで、彼女がきびしい体験のなかで同時に得ているものを探りたい。そして、他者によって自分自身に直面させられるのではなく、自分から自分自身へと向き合いはじめる、樹理さんの変化をみていきたい。

他者の眼差しから解かれること

前節でくわしくみてきたように、【階段のきしむ音】の場面で、樹理さんは内面にきわめて大きなゆさぶりをかけられた。樹理さんのそうしたゆれ動きを確認したうえで、林さんは、次のように話しだした。

【ととのえられている食事】XXX2年2月28日④

「まあ、メシの前に説教したってまずくなるだけだ。はい、食べなさい」。林さんがうながした。しばらくじっとしていた樹理さんは、ようやくご飯に手を伸ばした。樹理さんは、林さんの動きをうかがうかのように、おずおずとハシを動かした。林さんは明るい調子にもどって、「あなたにとっては、食べないなんて地獄だろうしなあ」と言うと、いつものからかうような表情で樹理さんをじっと見た。B君が林さんの言葉に笑ったが、樹理さんは表情を動かさずに、黙々と食べているだけだった。はじめのうち、樹理さんは本当に小さくしかハシを動かさなかった。〔略〕やがて、林さんがB君と話しはじめ、樹理さんを見なくなると、樹理さんの動作は少しずつ大きくすばやくなり、樹理さんはしっかりと食べるようになった。

「食べなさい」、という林さんの言葉によって、樹理さんは、林さんとの対話から逃れることができる。それと同時に、樹理さんは、林さんが自分を眼差しているという事態からも逃れられることになる。実際に林さんは、樹理さんからほかの子どもに視線を移し、楽しくおしゃべりをはじめる。

林さんと樹理さんとが、もしも、〈きびしくしかる養育者〉と〈しかられる悪い子ども〉というだけの関係であったならば、【階段のきしむ音】から【ウソをついてばかり】までの対話は、彼女にとって辛いだけのものになったであろう。そのときには、樹理さんがダイニングにとどまる理由は、林さんから眼差され、ダイニングから去るためのあらゆる可能性をうばわれているから、というだけであることになる。したがって、林さんとの対話が終わり、その眼差しから解放されれば、樹理さんはすぐにダイニングから立ち去ってしまうはずである。それどころか、ふたたびホームを出ていってしまい、無断外泊をしてしまうかもしれない。しかし実際には、樹理さんは、林さんの眼差しが解かれ、ダイニングを立ち去る可能性をそなえるようになっても、林さんにうながされるままに食事をはじめる。樹理さんのこうしたふるまいは、林さんと樹理さんとの関係が、〈しかる者〉と〈しかられる者〉の関係だけではないことを物語っている。たとえ、この場で林さんに眼差され、決めつけられ、辛い思いをしようとも、それでも林さんと同じ部屋にいつづけることのできる関係を、樹理さんは養育者とのあいだで生きているのである。

このことは、樹理さんが、たとえ林さんからきびしく問いつめられても、林さんとハル子さんによる日常のこまやかな支えをどこかで感じとっている、ということを意味している。現に、林さんの眼差しから解放されたときには、自分の心身を力づけてくれる食事が樹理さんを待っている。それどころか樹理さんは、ダイニングに入ってきたときから、自分のためにととのえられている食卓を目にしている。食事に遅れることが何日もつづいても、また、そのことで日々しかられていても、ハル子さんが、自分のための食事を用意してくれていることを、樹理さんはつねに感じていたはずである。これまでと同様に、手のこんだ料理が、もっともおいしい状態で食べられるようにと気づかわれて用意されていることによって、彼女には、どのような言い訳もすることなく、この場にとどまることが可能となる。

事実、樹理さんは、最初は、林さんの視線を気にするかのように、おずおずとぎこちない動作で食べているが、林さんの注意が樹理さんを離れ、B君に移ると、彼女の表情も少しずつやわらかくなり、しぐさも自然になっていく。樹理さんの表情がやわらぐのは、林さんの注意が自分からそれたから、というだけではないであろう。空腹が満たされると、それまで感じていた怒りがおさまることはしばしばある。このときの樹理さんの表情やしぐさの変化からは、満腹になるにつれて、林さんに感じていた怒りや反発や悔しさが、少なくとも一時的にはしずまっていっていることがうかがえる。そしてこのことは、多少の気まずさや反発を感じることがあったとしても、これからも共に同じ空間のなかにありつづけ、生活を共にすることが、樹理さんと林さんにとって可能となっている、ということを明らかにしている。

こうしたことが明らかになる以上、樹理さんに対する林さんのきびしさの意味は、樹理さんの辛さという側面だけからとらえることはできなくなる。たしかに樹理さんは、一方的に決めつけられ、内面に深く切りこまれ、辛い思いを味わったであろう。しかし、もしもこうした対話がなければ、樹理さんはこれからも、自分にとって辛い出来事が生じることを警戒し、そうしたことが生じないようあらかじめ細心の注意をはらうということをしつづけざるをえなかったであろう。だが樹理さんは、この対話をとおして別のあり方に導かれていくのである。では、それはどのようなあり方であったのか、さらに樹理さんの体験の意味を探っていきたい。

眼差しからこうむるもの

【ととのえられている食事】の場面での樹理さんは、食事を終えると、【麻薬】の場面のように不機嫌《ふきげん》そうに自室にもどってしまうのではなく、きちんと皿を洗ったうえで、満足した様子で、自室へもどっていった。食事のあいだだまりこんではいたが、一刻も早くダイニングから立ち去りたい、と思っているのではないように、筆者には感じられた。そうした樹理さんの思いは、寝る前にふたたびダイニングにもどってきて、林さんと対話する次の場面に、はっきりと現われている。

【のびのびとしたふるまいふたたび】ＸＸＸ1年2月28日⑤

樹理さんが、また2階からおりてきた。そして、電話をかけにろうかに出ていった。しばらくしてもどってくると、「林さん」、と嬉しそうな表情で話しかけた。すっかりくったくのない話し方になっていた。「Ｅちゃんがね、『林さんが〔Ｅちゃんと〕話したいって言ってた』って言ってたら、いいですよって」。林さんも、嬉しそうに目を細めて「本当?」と言った。樹理さんは嬉しそうに、「Ｅちゃんね、『えー、私も林さんにいじめられるのかなあ』って言ってました」と報告する。林さんは、かかか、と笑った。それから樹理さんは、パソコンで作業をしている林さんを見て、「林さん、私、なにも入ってないＣＤ−ＲＯＭもってるんですけど、なにか入れたいんですよね」と言う。林さんが、「いいよ、作ってあげるからもっておいで」と言うと、樹理さんは目を輝かせて、「本当ですか」と、嬉しそうな声をだす。

この場面で樹理さんは、なにごともなかったかのように、のびのびとふるまっている。林さんもまた、それが当然であるかのように、そのようにふるまっている樹理さんに対して、自然に接している。一見すると、こうしたふるまいからは、彼女は林さんにしかられる前と比べてまったく変化しておらず、さきほどの対話が樹理さんの内面にはまったく届いていないかのようにも、思われるかもしれない。

前節の【すなおな謝罪】と【ウソをついてばかり】の場面で考えたように、林さんが樹理さんに強い言葉をかけなくてはならなくなったのは、樹理さんが反省の手本のようにふるまい、林さんの質問にもあえてすなおに答えることで、林さんとの対話から距離をとり眺めようとしていたからであろう。他方、【のびのびとしたふるまいふたたび】の場面においては、樹理さんは、自分が反省していることをことさら強調しようとはしていない。樹理さんのこうした様子からは、彼女が反省の手本のようにふるまえなくなっていることがわかる。すなわち樹理さんは、林さんとの関係を自分から切り離して眺めることが、もはやできなくなっている。樹理さんはむしろ、あたかもなにごともなかったかのようにふるまうことで、これからも、今までどおりの親しい関係をつづけていけることを林さんに確認しているのではないだろうか。そしてまた林さんも、樹理さんのそうした内面を了解しているからこそ、「反省が不十分だ」、と樹理さんをさらにしかるのではなく、くったくのない様子で、樹理さんとのおしゃべりに応じるのではないだろうか。

樹理さんが、今後も親しい関係でいたいと求めてくることは、彼女が、林さんへ少しずつ心を開いていっていることの現われだと考えられる。林さんがこれから樹理さんに求めていくことは、樹理さんにとっても、また林さんにとっても、苦しく感じられる体験となりかねないことを、林さんは充分にわかっていたであろう。そして、林さんに強くしかられることによって、樹理さんもまた、林さんとの関係をつづけるかぎり、これからも、しかられたり辛い思いをさせられたりするかもしれないことを、感じたのではないだろうか。そうでありながらも、樹理さんが林さんとの関係を切り離して眺めようとはしなくなっている、ということは、辛い体験もお互いにのりこえることができ、二人の関係を育てていけるのではないかということが、いまだはっきりしないかたちではあるとしても、樹理さんと林さんとのあいだで少しずつ確認されつつある、ということなのではないだろうか。

問い返しのはじまり

先に述べたように、林さんの眼差しによって、樹理さんは自分自身に直面させられた、と考えられる。とはいえ、その後の樹理さんのふるまいが、短期間のうちにめざましく変わった、というわけではない。樹理さんはその後も、林さんにしかられそうになると、あいまいな説明をすることがあった。たとえば、あるとき樹理さんが楽しげに語った職場での彼女のふるまいが、会社のルールに反するのではないか、と林さんが心配してたずねたことがあった。すると樹理さんは、そのふるまいの詳細をはぐらかして、会社のルールに反しているのかどうかがよくわからないような説明をくり返した。また、樹理さんがほかの子どもを怒らせたり困らせてしまう、といったことも、くり返し生じていた。樹理さんのそうしたふるまい方について、林さんは、ある程度の注意はするものの、樹理さん自身に判断をまかせる場面も多かった。

こうしたなかで樹理さんは、たとえしかられても、凝固してしまうだけではなく、彼女なりに考えてふるまう様子がみられるようになった。たとえば、先に述べた職場でのトラブルでは、樹理さんの行動のなにが問題なのかを林さんがていねいに説明すると、納得のいかない樹理さんは、最後まで、「〔林さんの言っている意味が〕わからない」、と言ってゆずらなかった。それまでの樹理さんは、林さんの言葉に納得がいかないと、だまりこんでやりすごすか、乱暴に食卓を立ち去ってしまうかのいずれかであった。しかし、林さんの言葉に凝固してしまったり逆らったりするのではなく、その意味をかみしめ、自分のなかで位置づけようとしている樹理さんの姿が、ときおりみられるようになったのである。

眼差されうること

当時の樹理さんのあり方を典型的に現わしているのが、次の場面である。

【ひとの物を勝手に使う】 ＸＸ１年３月４日

林さんは、「で、Ｄちゃんのなにかでいろいろ言ってたでしょう。あれは結局なんだったの。ハル子さん、ちゃんと説明して」と、話を切りかえるようにいった。ハル子さんは、ちょっと改まって、Ｄさんが樹理さんとケンカして１ヵ月ほど前にホームを出ていった際に、彼女の物がなくなっていると大さわぎしたこと、ハル子さんは部屋をすみずみまで掃除したが、なくなった物は見つからなかったこと、それなのにしばらくすると、Ｄさんの机にそれらがおかれていたことを説明した。樹理さんは、無表情で話を聞いていたが、少しからだが硬くなっているようにもみえた。林さんは、ふうん、とうなずき、Ａさんにも、言いたいことがないか、たずねた。Ａさんは、しばらく言いよどんだが、林さんにさらにうながされて、ようやく、とても緊張した低い声で、「樹理ちゃんになんだけどね」としぼりだした。そして、ほうっとため息をついた。樹理さんは、Ａさんの顔をじっと見た。「この前、うちの物がなくなったって言ったじゃん。で、このあいだ、樹理ちゃんのふくろに、うちの物が入ってるのを見たのね」。Ａさんは、とても低い声で、おずおずと言った。樹理さんは、硬い表情で、Ａさんから目をそらすことなく聞いている。「それに、ＭＤも、うちのがなくなって、それとまったく同じのが樹理ちゃんの机の上においてあって」。Ａさんの口調は重いが、樹理さんは、表情を動かさない。ただ、静かに視線を下に動かした。「本当はもっと早く言おうと思ったんだけど、なんて言っていいか、わからなくて」。Ａさんは、樹理さんの様子に気おくれしたかのように、声に張りがなくなっていく。「だから、そういうのはいやだから、やめてほしい」。Ａさんの声は小さくなって、消え入りそうになった。樹理さんはあいかわらず、キッと下をにらんだままだ。林さんは、しばらくだまって二人をじっと見ていた。〔略〕林さんは少し考えこんだ。そして、「で、樹理ちゃん、本当のところはどうなのかね」とたずねた。樹理さんは少し考えていたようだが、Ａさんの方に向きなおると、「え？　ＭＤでしょ、ＭＤは机の上にありますよ」と、無表情で言った。「あるって、なに？　それはどうしたの？」と林さんが追及すると、樹理さんは、「ほら、友だちの車が、ＣＤが聞けないから、全部ＭＤじゃないといけないんですよ、だから、録音したんですよ」と返事をした。林さんはしばらくじっとだまっていた。そして、ゆっくりと口を開いた。「僕は、あなたがそれをとっちゃったのか、それともちょっと借りてただけなのか、そういうことは追及しない。〔略〕そういうのは、本当は後でちゃんと言えばいいんだよ、ごめんね、返すつもりでちょっと借りてたんだけど、言うの忘れちゃってたよって。そういうふうに言えば誤解もなくなるのに、ついつい、そういうのっていうのは、こじれるとおかしな話になっちゃう。だから、それも樹理ちゃんなのか、ほかのひとなのか、それもわからないし、追及してもしかたないことだと思うし」。ハル子さんも、樹理さんだとは決めつけられない、とDさんに伝えたことを述べた。樹理さんは、ハル子さんの言葉にも身動きせずに、じっと硬い表情のままだった。「ただ、樹理ちゃんに、そういうことがもしもあったんだとしたら、それは、あやまればいいことだし、それだけじゃなくて、やっぱり前もって、ひとにきちんとことわることも必要なこと。そういうのは、どんなに親しい友だちになってもやっちゃいけないこと。〔略〕だから、もしも樹理ちゃんがそういうことをしちゃったとしたら、それは覚えてちょうだい。そういうことはしちゃいけないんだって」。樹理さんもAさんも、腕を組んだままじっとしている。「知らなかったことは、覚えていけばいいんです。わかるよね」。林さんが言うと、樹理さんは、じっとしていたが、しばらくして硬い動作でうなずくと、「わかります」と言った。

この場面の対話で、樹理さんは、みんなが自分を非難している、と強く感じていたであろう。樹理さんの表情は、Dさんの話題がでたとたんに硬くなり、Aさんの言葉がつづくにつれ、まわりからの眼差しをいっさい拒むかのような無表情さへと変わっていった。このとき、ハル子さんもＡさんも、樹理さんに対して公正であろうと、配慮してふるまっている。ところが、このことによって、樹理さんは、よりいっそう追いつめられるはずである。というのも、もしもこのとき、樹理さんが悪い、とハル子さんやＡさんが一方的に決めつければ、樹理さんは、たとえば「たしかな証拠もないのに」など、逆に、ハル子さんやＡさんを非難する可能性を生きられるからである。しかしこのときの樹理さんには、そのように怒る可能性も残されていない。彼女の身体はこわばり、凝固する。

ここで注目するべきなのは、このときの樹理さんは、林さんばかりでなく、Ａさんやハル子さんにも鋭く眼差され、実現すべき可能性をうばわれてしまっている、ということである。すなわち、このときの樹理さんは、林さんだけでなく、ハル子さんやＡさんによっても自分の可能性をうばわれてしまうような、いわばもろさをそなえているのである。これまで樹理さんは、自分の方から状況を正確にとらえるのでなければ安らげないからこそ、能動的にその場をコントロールしたり、人間関係を〈操作〉したりして、強硬にふるまうことが多かった。しかしこのときの樹理さんは、さまざまな他者によって、さまざまな仕方で、安らげない状況へとおちいらされてしまっている。つまり、逆説的なようであるが、安らげない状況をいっさい受け入れられず、安らげなくなる可能性を少しでも感じると先まわりして逃避していたときとは異なり、このときの彼女は、安らげない辛さのなかに身をおくことができるようになっていた、といえるのである。

このことは、樹理さんは、林さんや、ハル子さんや、Aさんに、きわめて良い意味で、自分の可能性を脅《おびや》かしうる者として出会えるようになっている、ということを含意している。サルトルは、身体の石化においては、他者の眼差しによって可能性が見すかされ、うばわれる、という。だが、自分の可能性にとってどうでもよいような、とるに足らない他者によっては、眼差されたり凝固させられることはない。このときの樹理さんは、Aさんの問いやハル子さんの配慮がこれからみんなと共に生活をするうえでの大きな問題となってしまうほどに、Aさんやハル子さんとの関係を重要なものと感じている、といえるのである。

これまでくり返しみてきたように、私たちのあり方は、これから可能性をどのように実現しようとしているかによって、そのつど大きく異なってくる。スムーズに可能性を実現しつづけられるときもあれば、このときの樹理さんのように、可能性を見すかされ、もはや実現できなくなってしまうこともある。ここでいう可能性とは、頭のなかで考えたり、思い浮かべたりする可能性ではない。たしかにホームの子どもたちは、たとえば、自立をしたら早寝早起きをしようとか、きちんと貯金をして将来にそなえよう、といったことを思い浮かべることがあるだろう。これらの可能性も、子どもたちの可能性ではあることに違いはない。しかしこうした可能性は、もしもそうした状況になったならば、他人と同じように自分も実現できるだろう、と想定されているだけであり、いわば他人の可能性である[30]。他方、今まさに自分が実現しようとしつつある可能性は、スムーズに実現しているときであっても、うばわれてしまっているときであっても、単なる想定にとどまらない。それは、そのひとの、今その瞬間のあり方そのものである。だからその可能性が妨げられたり、ましてやうばわれたりするならば、当人にとってきわめて大きな問題となる。

ハル子さんやＡさんの眼差しによってこわばってしまう樹理さんは、ハル子さんやＡさんとの関わりが、他人の可能性ではなく、彼女自身の可能性であることを認めているのである。そうであるからこそ樹理さんは、この場にいるみんなを、自分とは無関係の他人としてしまうことができず、操作できる対象とみなすこともできず、眼差され、可能性をうばわれてしまう状況におちいったのではないだろうか。

追いつめられずにすむこと

「本当のところどうなの」という林さんの問いかけによって、樹理さんはようやく凝固している状況から解放され、Ａさんに向きなおって話す、という可能性を実現できる。このとき樹理さんは、林さんの問いに対し、Ａさんの物を勝手に使ったとも、使っていないとも言わない。このように、自分のふるまいをあいまいなままにしている樹理さんに対し、このときの林さんは、事実を明らかにしようとはしなかった。

たしかに、樹理さんが反省をするためには、事態を明らかにすることが大切だ、という考えもあるだろう。彼女の行為が、友人たちにどのような影響を与えてしまうのかを、また、その影響によって彼女自身はなにをこうむるのかを、彼女に自覚させることが大切である、という考えもあるだろう。あるいは、林さんとのこれまでの関わりからすれば、林さんは当然、樹理さんを問いつめるだろう、とさえ思うかもしれない。しかし、事実を明らかにすることは、本当に、樹理さんを真の反省に導くことになっただろうか。

もしも林さんが樹理さんを問いつめ、事実を明らかにすれば、樹理さんは逃げ場を失ってしまう。その場合彼女は、よりいっそう事実をあいまいなままにしてしまおうと、さらに努力をすることになるかもしれない。そうなれば、樹理さんがみんなと心地良く共同生活を送る、ということはよりいっそう難しくなる。そして、樹理さんにとっても、その場にいたほかの子どもたちにとっても、快くない状況が生じていたのではないだろうか。あるいは、事実をあいまいにしておくことさえできなくなったとしたら、すでに安らげない状態におちいっている樹理さんは、これ以上その状態にたえられず、いわゆる心を閉ざすといった仕方でしか、ふるまえなくなってしまうのではないだろうか。

このとき樹理さんにとって必要なのは、安らげない状況にさらに追いつめられることではなく、望ましいあり方に変わっていくための、きっかけだったはずである。みんなからの眼差しはそのきっかけであり、このときすでに、樹理さんに充分そそがれていたはずである。樹理さんが、強いゆさぶりと大きな変容をこうむっていることが、彼女の凝固した姿から感じられたからこそ、林さんは、樹理さんの行為をあばき、彼女の可能性をうばってしまうのではなく、事実が明らかにされなくても、彼女がこれをきっかけに変わっていけるような場へと、この対話を導いていったのではないだろうか。

第5節　過去へと向き合う

前節では、樹理さんが、他者からきびしく眼差されるにもかかわらず、いや眼差されるからこそ、安らげない事態におちいることを少しずつ受け入れられるようになっていく様子をみてきた。樹理さんのそうした変化と呼応するかのように、次第に林さんは、樹理さんを、彼女自身の生い立ちに向き合わせようとする。

多くの施設養育では、子どもの過酷な生い立ちを子ども自身に知らせることははばかられている。というのも、過酷な生い立ちは、子どもにとって直視するにはあまりに辛く、無理に向き合えば、パニックにさえおちいりかねないからである。しかし、ここまで探ってきたことから、林さんが向き合わせようとしているのは、安らげなさにおちいっている、樹理さん自身のあり方であることが、明らかになってきた。樹理さんのこうしたあり方には、彼女のこれまでの辛い経験がふくみこまれており、それらをなかったものにすることはできない。とりわけ、樹理さんは、ホームのほかの多くの子どもたちと同じように、自立をしても、家族へ再統合できる見込みをこのときにはほとんどもちえない、きわめてシビアな状況におかれている。そのため、樹理さんが自立できるようになるためには、自分の生い立ちを直視し、家族と共に生きるという彼女の望んでやまない幸せをあきらめることが、必要とならざるをえないのである。

本節では、樹理さんが、林さんと共に、少しずつ自分の過去へと向き合っていく様を、くわしくみていきたい。

家族との問題への差し向け

きびしさもときにふくむ、林さんの配慮を受けながら生活する樹理さんが、ほんのわずかずつではあるが変化をみせつつあるこの時期に、林さんは、次のように切りだす。

【安心できる場所】ＸＸＸ１年３月７日

樹理さんが、「Ｅちゃんが、今度学校やめることにしちゃったんですよ」と報告すると、それまでふざけていた林さんは、真剣な表情になって、「本当？あれ、今いくつの子だっけ」と言う。樹理さんは、Ｅさんが自分と同じ歳で、今は福祉関係の専門学校に通っていることを、一生懸命《けんめい》説明した。「なんでやめるの」と林さんがたずねると、「うーん、はっきりとなにかはわかんないんだけど、Ｅ

ちゃんはあれなんですよ。家庭がうまくいってなくて」と、樹理さんは心配そうな口調で言う。「Eちゃんはすごいお父さんにきらわれて、その分お母さんにすごい大事にされて、今はお母さんと一緒に住んでるんだけど、今度、お母さんとうまくいかなくなったみたいで」。林さんは、話を聞きながら、じっと考えているようだった。「Eちゃんは、あれじゃない。居場所がほしいんじゃないの。居場所が、自分の安心していられる場所がほしいんじゃないかな」と、しばらくして林さんは言った。「この年齢の子の問題はたいていそうだよ。淋しいんだよね。やっぱり、自分がしっかり安心できる場所ってないと、ひとはだめなんだよ。いろんなことがうまくいかない」と林さんはつづける。そして静かなままの口調で、樹理さんに、「あなたの場合にもそうなんだよね。家庭が安心できる場所じゃなかった」と言った。樹理さんは、突然自分のことが話題にのぼったのに少しびっくりしたのか、とまどった表情を一瞬みせたけれど、すぐに、「Eちゃんは、それで、学校もきらいだったから」とつづける。林さんもうなずいて聞いている。

Eさんは樹理さんの親しい友人で、樹理さんは、食卓でしばしばEさんについて話していた。このときも樹理さんは、なんとかして、Eさんを力づける言葉を林さんから得られないか、というように、Eさんの様子を語っている。林さんは、Eさんを思いやる樹理さんの様子を見ながら、Eさんと同じような辛さを樹理さんも味わってきたのではないかと、さらりと言う。

林さんが樹理さんに対して家族の問題を口にしたのは、筆者の知るかぎり、この場面での対話がはじめてであった。このとき林さんは、〈虐待〉という強い言葉を使うわけではない。また、樹理さんが話題をEさんのことにもどすと、林さんも一緒になって、Eさんのことを語りはじめた。二人のこうした対話からは、樹理さんには、自分の被虐待の問題に向き合う準備がいまだできていないことや、林さん自身も、樹理さんを無理に向き合わせようとしているのではない、ということがうかがえる。

母親から深刻な心理的・身体的虐待を受けてきた、という樹理さんの生い立ちを筆者が林さんにはじめて教えられたのは、この記録場面とほぼ同じころだった。その際に林さんは、母親のふるまいが〈虐待〉であることに、樹理さん自身は気づいていない、とも指摘した。とはいえ、「家庭が安心できる場所じゃなかった」という林さんの指摘に、とまどった表情を浮かべるものの、林さんの言葉を否定しようとはしない樹理さんは、自分の生い立ちについて、まったくなにも気づかずにいたわけではないだろう。

しばしば指摘されるように、虐待された子どものほとんどは、その事実を認めない。当人が、被虐待経験を自覚していないことさえ、めずらしくない。しかし、樹理さん自身が後に語ってくれたことによれば、彼女は、自分だけが食事を与えられなかったり、自分の写っている写真を家族のアルバムからすべて切りとられてしまう、といった体験をかかえていた。こうした体験を、樹理さんがポジティヴにとらえていた、とも考えにくい。樹理さんは、家族と自分との関係において、どのような意味をも決定しがたい、あいまいな、そのため非常に辛い状況に、長いあいだとどめおかれていたのではないだろうか。

過去の選択

樹理さんのこうした辛さは、物理的には流れ去っていくだけの過去が、私たちの経験においてはそれほど単純ではないことに起因する。私たちの過去は、一見すると、事実のつみ重ねでできており、過去が変わってしまうことなどないように思われる。たとえば、第三者から見れば、非常に深刻な虐待を受けていた、といわざるをえない樹理さんの過去は、否定しがたい決定的な事実であるように思われる。しかしながら、私たちのそうした考えとは異なり、サルトルによれば、過去は「変わりうる」ものである[31]。たしかに樹理さんは、母親からいつも優しくされた、というような事実に反する「過去を、気ままに自分に与えることはできない」[32]。しかしながら、私たちは、「行動〔すること〕によって、〔みずから〕…過去の意味を決定する」のである[33]。

たとえば樹理さんは、ホームにきてからも、ほとんど毎日、自宅に電話をかける。電話をかけるという行動によって、樹理さんは、家庭での自分の体験を、今も毎日電話のできる良好な関係であったもの、とポジティヴに意味づけようとするのであろう。しかし、後でわかったことであるが、いくら電話をかけても、母親からは、否定的な対応しか返ってこなかったようである。にもかかわらず、樹理さんは電話をかけつづける。それは、たとえ母親が冷たい対応しかしなくても、そのつど、今日はたまたま母親の機嫌が悪かったのだろうとか、忙しかったのかもしれない、というように意味づけることができるからであろう。冷たく対応されたという過去は、彼女と母親との関係の本質には関係のない、ささいな出来事として、樹理さんによって選択されうる。他方、電話にでた母親が、一言でも温かな言葉を言ってくれれば、それは、母親との関係を決定づける出来事として選択され、忘れられない大事な過去として、保たれることになる。あるかないかわからないその一瞬を求めて、たいていはかえって辛い思いを味わうにもかかわらず、樹理さんは電話をかけつづけざるをえなかったのではないだろうか。

　サルトルによれば、私たちが自分の過去の意味をどのようにとらえ、どのように意味づけるかは、過去の事実によってではなく、未来をどう生きようとしているか、つまり、どのような自分になりたいと感じているかによって決定される[34]。すると樹理さんにとってかつての家庭での関係が、今電話をかけてもよいものであったかどうかは、母親から実際にどのような対応をされたかによって決まるのではない。そうではなく、樹理さんが毎日電話をかけること自体が、家族と良好な関係をきずける者になりたい、とこのとき彼女が強く願っていることを意味していることになる。樹理さんが自分の家族をこのようにとらえているかぎり、樹理さんは、家族との仲を良くすることばかりをめざしてしまう。ところが、林さんが当時すでにとらえていた樹理さんの被虐待状況は、もしもこのとき彼女を家庭にもどせば、さらなる虐待をこうむってしまうだろう、と想像される、きわめて深刻なものであった。そのため樹理さんは、電話をかけることで、いつまでもかなわない希望をもちつづけることになる。

中心を外すこと

他方、林さんの話によれば、樹理さんがしばしば引きおこすさまざまな問題と彼女の生い立ちの問題は、切っても切り離すことのできないほど、密接にからみ合っていた。樹理さんがこれから自立し、豊かな他者関係をきずいていくためには、彼女が、自分の家族の問題をきちんととらえられるようになることが不可欠だ、と筆者に語ってくれていた林さんは、ある日、次のように樹理さんに語りかける。

【エジソン】ＸＸＸ1年4月2日①

林さんは、樹理さんをじっと眺めて、「あなた、自分は親に虐待されたと思ってないだろうけど、あなたは虐待ケースですよ」と言う。樹理さんは、おどろいたように、顔をあげた。「別に虐待って、なぐるとか、死ぬほどご飯をあげないとか、それだけじゃないんだよ。虐待っていうとわかりにくいかな、親からの不適切な関わり、そういうのはみんな虐待なんですよ」と、樹理さんを見ながら林さんは言う。樹理さんは、困ったような表情になった。「思ってなかったでしょう」と林さんが言うと、樹理さんは、おずおずとうなずいた。「お兄ちゃんは優秀でいい子だった。だから好き。あなたはきらい。そういうふうにあなたは言われたの。扱われたの。たまらないよね。冗談じゃないよね。そんなの自分のせいじゃないでしょ」。林さんはきっぱりとした口調で言う。「親っていうのはさ、子どもをちゃんと愛してくれるわけじゃないんですよ。そうでしょ。できがいいから好きになる。親なんてそんなものだよ。だけど小さいころの能力なんて、勝手な判断でしょ、わからないんだよ。できることとできないことが、ひとによって違うだけ。才能の場所が違うの。芸術だったり、音楽だったり、性格だったり。アインシュタインとかエジソンとかなんて、本当に、小さいころは学校の勉強なんてぜんぜんできなかったんだから」と林さんが話をつづけると、樹理さんはなにか言いたげな表情になった。林さんは、「ね、天才だよ」とつづける。樹理さんはおそるおそる、「あのね、エジソンってよくわからないんだけど」と言った。そのとたんに、林さんはあきれたように口を閉じてから、「まったくこの子は、なんだね」と言う。樹理さんは、表情が明るくなって、肩をすくめた。そして、「名前とか聞いたことあるけど、なにしたひとかはよく知らない」と言う。「いろんなもの発明したひとですよ。電気とか。今の生活のほとんどはエジソンが発明したものでなってるの。あきれたなあ」と林さんは言う。樹理さんは、林さんの説明にすなおにうなずいた。「でもエジソンなんて、小学校のときの成績なんてひどいんだよ。学校にこなくていいって言われたくらいなんだから。それが、世界のほこる大天才だからね」と林さんは言う。樹理さんは興味深そうにうなずく。「エジソンなんて、まだお母さんが良き理解者で、この子にはひとにはないなにかがあるって認めてくれたからこそよかったけどね。でもあなた方の親は違った。できが悪かったから、あなたを認めてくれなかった。それは、虐待なんだよ」と、林さんはもとの話にもどす。樹理さんは、だんだん疲れてきたような表情になってきた。小さくあくびをしている。林さんが言葉を切って考えこんだのを見て、「今日ね、CDもらったの。GAOって知ってる?」とAさんに話しかける。Aさんは、「知ってる。女のひとでしょ」と語りかけに応じた。しばらく二人は音楽の話をしていたが、林さんが「ほらほら、話をそらさないでよ。今大事な話してるんだからさ」というと、二人ともだまってまた林さんの顔を見た。「あなた、前、僕に言ったけど、あなたの説にしたがうなら、虐待はくり返すし、虐待された子は親になって虐待するんだから」と林さんが言うと、樹理さんは小さくうなずいた後、「あ」と小さな声をだした。「私もやるかも」と樹理さんが言うのと、「樹理説によれば、あなたも虐待するよ」と林さんが言うのが、同時だった。樹理さんはうなずいた。

「あなたは虐待ケースですよ」という林さんの言葉に、樹理さんはおどろいたように顔をあげる。親から虐待されていたという指摘は、樹理さんの存在が、親からは拒絶されてきたことを意味する、非常に辛い内実をともなっている。また、そうであるために、この場でなされている話題全体は、樹理さんにとって、いたたまれない思いをいだかざるをえないものになる。

この対話に臨んでいる樹理さんは、きわめて深刻な事柄が話されていることを、よく知っていたであろう。にもかかわらず、この場面で樹理さんは、「エジソンってよくわからない」と言いだし、林さんをあきれさせてしまう。虐待の問題よりも、エジソンに注意が向いてしまう樹理さんは、このとき、林さんの話をどのように聞いていたのだろうか。このことを、さらに探っていきたい。

「エジソンってよくわからない」と言うことで、このときの話題の中心は少しずれてしまう。話題がずれることによって、この場でのみんなの「気持ちがそれてしまうこと」[35]が生じている。とはいえ、林さんや、樹理さんや、まわりにいる者が、それまでとはまったく異なることを考えはじめるわけではない。このように気持ちをそらすことは、本来の問題から、この場面でいえば、樹理さんが虐待をこうむってきたかどうかということから、「中心を外す」[36]ことである。

先にみたように、樹理さんは、由々しい問題が生じそうになると、敏感にそのことに気づき、冗談を言ったりおしゃべりをはじめたりすることで、そうした問題をさける。普段の樹理さんのそうしたふるまいからすれば、このときも彼女は、なんとかして、虐待という話題をさけようと強く願ったのではないか、と想像される。しかし同時に、林さんの静かな口調から、安易に話をそらしたり、別の話をはじめてしまったりすることはできないことも、もちまえの鋭い感受性でもって、樹理さんはとらえていたであろう。だからこそ樹理さんは、林さんの話をさえぎったり、無視するのではなく、林さんの話に即しながらもわずかに中心を外す、という仕方でしか、このときの対話にたえることができなかったのではないだろうか。

中心を外しながら過去へと向き合う

しかし、第1節で述べたように、私たちは、なにかから話をそらしたり、かわしたりするためには、そらすべきものがなんであるかを正確に知っているのでなければならない。すなわち、樹理さんが話の中心を外しつつ対話を進められるのは、彼女が、問題の核心を見ぬいているからにほかならない。そのため樹理さんは、家族や虐待という言葉を「考えないよう用心するために」、かえって、「その局面をつねに考えつづけなければならない」[37]ことになる。それゆえ、たとえ話をそらしても、家族について考えなければならなくなるのではないか、という樹理さんの「不安は、実をいえば、おおい隠されえないし、回避されえないのである」[38]。このことがまさに明らかとなるのは、Aさんに向かって音楽の話をはじめた樹理さんに対し、林さんが、「話をそらさないでよ」と言い、そう言われた樹理さんが、すぐにもとの話題にもどる、ということにおいてである。樹理さんは、もどるべき話題がなんであるかを正確に知っているからこそ、それとはまったく関係ない話題がなんであるかをとらえ、その話題をもちだすことができるのである。

また、「話をそらさないでよ」という言葉からは、もどるべき話題を樹理さんがとらえていることも、彼女がそこから逃げだしたがる理由も、林さんは充分にわかっており、気づかっている、ということが明らかとなる。林さんの考えでは、母親との関係は、樹理さんにとって重要な問題であり、さけてとおれないものであった。だからこそ林さんは、樹理さんが話をずらそうとしても、話題を変えることなくつづけていく。しかし同時に、このとき樹理さんがこうむっていた辛さは、「たまらないよね。冗談じゃないよね。そんなの自分のせいじゃないでしょ」という彼女に寄り添う言葉と共に語られても、決してぬぐわれうるものではないことを、林さん自身が痛感しているはずである。そうであるからこそ、林さんは、樹理さんが、エジソンの話題をもちだして中心を外すことを、すなわち話題を少しずつずらしつつ、その話題の周辺にとどまることを、ゆるしているのであろう。

ただし、樹理さんが、音楽の話へと話題を変えたときには、林さんはしばらくその会話を聞いたうえで、自分から話題をもとにもどす。「エジソンってよくわからない」という樹理さんの言葉も、音楽の話をはじめるという彼女の行為も、この辛い話題から逃れたい、という彼女の思いの現れであろう。しかし、後者のずらし方は、そのままにしておくと、もとの話題にもどすことができなくなるようなものである。樹理さんは、エジソンの話へと少しずつ対話をずらしながらも、ずらすために、かえって、虐待について考えつづけなければならない。ずらしたりもどしたりする行為そのものによって、よりいっそう深い辛さへとおちいることになる。そうであるからこそ彼女は、話題そのものを、音楽へと、根本的に変更しなければならなくなったのではないだろうか。また、林さんによる話のもどし方も、「樹理説によれば、あなたも虐待するよ」という、聞く者は思わずどきりとさせられるような、強い言葉でなくてはならなかった、と考えられるのである。

〈あなたは被害者であるだけではなく、加害者にもなりうる〉という指摘は、樹理さん自身のあり方に対する、きわめて強い否定である。しかも樹理さんは、林さんに導かれたかたちで、自分から、「私もやるかも」と言う。自分からこの言葉を言うことは、樹理さんにとって、この話題から逃れられなくなる、ということを意味している。事実、樹理さんは、もはや話をずらすことができなくなり、だまりこんでしまう。

【エジソン】の場面は、次のように進んでいく。

【なれっこ】ＸＸＸ2年4月2日②

少しして、「さっきからあなたの例をだして悪いけどさ」と林さんが言った。樹理さんは、とまどったような笑顔になり、「いや、別にぜんぜんいいんだけど」と言う。林さんも、ニヤッと笑って、「そうだと思うからだしてるんだけど」と言うので、樹理さんもいつもの冗談めかした調子で、「まあね」とおどけてみせる。林さんは、すぐにまじめな口調になって、「でもね、本当は平気じゃないんだよ。自分は平気だと思ってるけど、あなたの拠点はそこにあるの。それは覚えておいて」と言う。樹理さんは、また、とまどったような表情になり、「拠点って意味がわからない」と言った。林さんは少し考えて、「拠点っていうのは、そうだねえ、あなたの心の問題は全部、そういう親の虐待だったっていうこと。あなたの親があなたに対して、正しい関わりをしていなかったことに、あなたのひずみは全部でてきてるの」と言う。樹理さんは「ひずみってなに?」とたずねる。林さんは、根気よく説明していった。「あなたがひとに対して操作したり、悪口を言ったり、そういうのがみんな、もとは、親からかわいがられなかったことからきてるっていうこと」と、林さんは言葉を選びながら言う。樹理さんは、少し考えこむように、遠い目になった。そして、「なんか、小さいころからなれっこになってたから、わかんない」と言った。林さんは目を細めて、「うん、そうだろうね」と言った。〔略〕「あなたは5人兄弟だったっけ。下に？」と林さんがたずねると、「下に妹と弟」と樹理さんは答える。「小さい子っていうのはさ、下に妹とかできると、ぐずるの。淋しいからね。今までずっとかわいがってくれたお母さんが、急に下の子にかまいだすでしょ。まわりもみんなね。そうするとね、注意引き行動っていってね、必ずお母さんの気を引こうとするんだよ。だけどそれは、全部悪いことをするわけ。だってそうでしょ、いいことしても、お母さんはちょっと、ああいい子ねって言ってくれるだけで、すぐにまた赤ちゃんに行っちゃう。悪いことをしたときは、でもお母さんはずっとがみがみ怒るわけよ。ずっとかまってくれるわけ。だから、怒られるようなことばっかりするわけ。本当は親はそれは認めてあげなきゃいけないんだけど、それが親はがまんできない。だからあなたは、だめな子みたいに思われたんじゃないの」と、林さんはゆっくり言う。樹理さんは、目をぐるりとまわして考えこんでいたようだが、「そう。おばあちゃんは、そうだったって言ってました」と言う。林さんは「そうでしょう」とうなずいた。「なんか、私小さいときはすごいかわいがられたらしいんですよ。〔略〕それが、下に妹が生まれてからね、すごい悪い子になったみたい」と樹理さんは説明する。〔略〕「子どもはみんな、そういうのをかかえて生きてるんだよ。反抗は、して当然のことなの。そういうのを、おとながきちっと受けとめられないときに、子どもの方はどんどんひずみがでてくる」。林さんが言うのを樹理さんは見ながら、少し表情がたいくつそうになってきた。

樹理さんは、自分がずらしたいと感じざるをえないことの内実を、的確にとらえていたであろう。しかも、【エジソン】の最後で、「私もやるかも」と自分から語っているように、樹理さんは、少なくとも、彼女の生い立ちを林さんが虐待ととらえていることは否定できない、と感じつつある。林さんの言葉の一つひとつを確認しながらも、「よくわかんない」と語る彼女の言葉は、そうはいっても彼女自身は虐待と認めたくないことをなんとか表明したい、という彼女の必死の思いの現われなのではないだろうか。

樹理さんが、自分の体験を〈虐待〉とは呼べないまでも、少しずつその辛さを認めはじめると、林さんは、彼女の体験が、妹の誕生という、だれの非でもない出来事に起因する、と説明する。この言葉によって、樹理さんは、母親からきびしくしつけられてきた自分を否定することからも、また母親を責めることからも解放されたまま、自分の体験をとらえることが可能になる。

〈虐待〉という林さんの指摘を、もはや否定しきれなくなった樹理さんは、幼いころは母親からかわいがられた、という言葉で、自分の過去のなかから少しでも幸せな体験を探し、それに光を当てようとする。樹理さんは、この試みによって、林さんの指摘を否定できないまでも、自分は違う意味づけをしている、ということを示さないわけにはいかないのではないだろうか。

対話にあきることの意味

この対話の場面は、さらに次のようにつづいた。

【あくび】 XXX1年4月2日③

「そういうの〔＝親が反抗を認めてくれなかったことによるひずみ〕があなたの拠点なんだよ。それを忘れないで」と林さんはまじめな表情で言ったけれど、あくびをかみ殺している樹理さんに気づいて苦笑した。そして、「いいよ、もうたいくつそうだし、まじめな話はこのくらいにしておこう」と言う。

樹理さんは、へへへ、と笑った。

対話の途中から、樹理さんは、たいくつした表情をみせるようになる。たいくつしているということは、その場での出来事への関わりに消極的になっている、ということであろう。たしかに、樹理さんのそうしたふるまいは、一見すると、彼女が、あたかもふまじめな態度でその場にいるかのようにも思われる。

しかしながら、**【エジソン】**から**【なれっこ】**まででくりひろげられてきた話題が、樹理さんにとってどうでもよい問題ではないことは明らかである。むしろこの話題が、樹理さんにとって大きな問題であるからこそ、この場にいることは、彼女にとって大きな苦痛となってくるはずである。そうした苦痛をかかえて、何十分もこの場にいつづけ、ときには話題をそらす努力をしたり、ときには林さんの言葉に真剣に答えたりすることによる疲労が、〈たいくつそう〉という彼女の表情に現われたのであろう。

「いいよ、もう」という林さんの言葉は、樹理さんを、ただ単に辛さから解放するだけではない。話をそらすことができなくなり、だまっている樹理さんの様子や、「私もやるかも」といった言葉からは、彼女が、家族の問題と必死に向き合おうとしていることや、このことによって、彼女がたいくつという拒否的感情をいだくほどの辛さにおちいっていることがうかがえる。林さんからみて大切なことは、樹理さんが、この日の対話をきっかけとして、自分の生い立ちにゆっくり向き合えるようになることであり、すぐに結論をだすことではなかったであろう。だからこそ林さんは、話をやめることで、樹理さんが自分でゆっくり考えられるように、とうながしたのではないだろうか。

本節でみてきた一連の場面からは、被虐待の事実を林さんに伝えられても、樹理さんには決定的な事実として受け入れられないことが明らかになる。一度の対話では、被虐待という辛い過去は受け入れられるものではない。そもそも、この辛い過去を受け入れられるかどうかは、このときの一度きりの対話でどう感じるかによってではなく、彼女がこれからどう生きていくかによって決まっていくのである。そこで次節では、時がたつにつれて、樹理さんがこの問題をどう引き受けていったのか、その変化をみていきたい。

第6節　過去の辛さをのりこえて

過去のとらえなおし

前節でみてきたように、虐待された、という林さんの言葉が、樹理さんにとって受け入れがたいものであることは明らかである。【エジソン】の後も、食卓ではときどき樹理さんの生い立ちが話題となったが、その話題になると、樹理さんは表情を硬くし、口数少なく、じっと考えるようになった。

そうした日がつづき、【エジソン】の場面から約３週間がたったころ、樹理さんはハル子さんと、次のような対話をかわす。

【CDをつき返される】　XX2年4月22日

ハル子さんがやってきて、樹理さんの前に座って、顔をのぞきこむようにしながら、「ねえねえ樹理ちゃん、さっき、美容院で働きたいって言ってたじゃない。それで、さっき地元にも美容院あるって言ってたけど、働くのならやっぱり地元の方がいい？」と、ひそひそ声でたずねた。樹理さんは、にこにこした表情をくずさず、考えこんでいたが、「いやあ、もう地元はいいですね。実家の近くはいやです」とはっきり言った。言いながら、表情が苦笑いに変わる。ハル子さんは、言葉を慎重に選ぶように、「そうか。実家の近くはもういいのね。でも、やっぱりあっちの方？　地元方面の方がいいのかな」とさらに確認する。樹理さんは、淋しそうな苦笑いをもう一度すると、「いやあ。もういいです。地元もいい。実家の近くはもういいや。このあいだ懲《こ》りました」と言った。淋しそうな声だった。それから、横で聞いていた私に向きなおると、「このあいだ、お母さんにしかられたんですよ。私」と、無理に元気そうな声をだして言った。「なんか、このあいだ妹に、誕生日プレゼントにＣＤを贈って。そしたら、お母さんに、よけいなことするなって。あんなに悪いことしておいて、妹に悪影響がでる、娘だなんて思わないでってしかられて、私、ここで大泣きしたんですよ」。樹理さんは、はきはきと話をつづける。「そいで、ここで泣いてたから、ハル子さんと林さんにはげましてもらって」、樹理さんはそう言うと、ハル子さんを見て、「ね」、と言った。ハル子さんは、とても苦しそうな笑顔をつくって、「ねえ。そうよね。失礼しちゃうわよね」と言った。樹理さんはまた淋しそうに、でもにこにこと笑顔をつくった。〔略〕樹理さんは、さばさばとした表情で、「だから、もう実家の方には帰るのは懲りました」と、きっぱり言った。

この場面における、「懲りました」という樹理さんの言葉には、これまでの樹理さんにはみられなかった、自分の家族に対する否定的なひびきがふくまれている。また、自分の家族に対する、この場面での樹理さんの語り口は、どこか、さばさばとしたあきらめさえも感じさせる。

あなたは虐待されたのだ、という林さんに指摘によって、樹理さんは、自分の親はきびしいしつけをしてくれていた、というこれまでのとらえ方に、変更をせまられる。しかし、自分を〈しつけ〉てくれた母親との関係は、樹理さんにとって、支えでもあったはずである。そのため、【エジソン】の場面以来、樹理さんは、母親からの関わりを、虐待ととらえることをせまられながらも、なんとかしてそれを拒みたい、という大きなゆれ動きのなかで生きていたであろう。

樹理さんのそうした思いは、なけなしのこづかいから妹にCDをプレゼントしようとするふるまいに、はっきりと現われている。母親との関係を良好な関係とみなすことは、林さんに否定される。また彼女自身も、林さんに指摘されてしまうだけの事実があることを、それとなく感じとっているはずである。だからこそかえって、樹理さんは、妹にCDを贈る良い姉であることを、母親に対して示さずにはいられなかったのではないだろうか。

にもかかわらず、樹理さんのそうした努力は、母親から「しかられた」ことによって、否定されてしまう。樹理さんの行為は、肯定的に受けとめられないばかりでなく、「妹に悪影響がでる」、という強い否定でもって拒絶される。しかも樹理さんは、母親は自分を大事にしてくれている、という事実を選択したいがために、母親から理不尽な対応をされたのではなく、〈しかられたのだ〉としかとらえられない。樹理さんのこうした言葉からは、このときの樹理さんが、いまだに、母親を責めることによってではなく、〈自分は悪い子である〉、ととらえることによって、一連の過去を引き受けようとしていることがうかがえる。つまりこのときの樹理さんはまだ、自分と母親との関係を、虐待というカテゴリーに入れることができずにいるのである。

過去に対する責任者

私たちはだれでも、場所や時代、性別など、なにも選ぶことができずに生まれてくる。その意味で、「自分の境遇《きょうぐう》を選択し〔え〕ない」[39]。つまり樹理さんは、母親から虐待されたという辛い状況を、彼女自身の責任のないままに背負っている。ところが、サルトルがいうように、私たちは、なにか可能性を実現するたびに、「自分自身の過去を選択しないでいることはできない」[40]のである。すなわち樹理さんは、ただ与えられただけのはずの自分の生い立ちを、拒むことも、なかったことにすることもできない。彼女は、母親から拒絶される理由をとらえようもないまま、そうした「自分の存在について、あらゆる責任を負うべきものとして」[41]、自分をとらえるしかない。そうであるからこそ、このときの樹理さんは、きびしい言葉をかけられたという事実に基づいて、自分は親にきびしい言葉をかけられるような悪い子どもである、という説明を、自分自身に与えざるをえなくなってしまう。そういう否定的な「自己を、自分で生みだ」[42]さなければならなくなる。

たしかに、警察に保護されたり、ホームでは無断外泊をしたり、林さんに何度もしかられたりしてきた樹理さんが、何度も、〈悪い子〉とされてきたのは事実である。悪い子という自己像を、自分から生みださなければならない樹理さんは、自分自身にまつわるこうした事実を、母親との関係を決定づけるものとしてとり入れることになる。CDを贈ったことに対する母親からの叱責も、自分は警察に保護されるような悪い子だからこそである、というように、樹理さんにとらえられたかもしれない。それどころか、事実、自分はホームにきても、林さんにしかられつづけているのであるから、妹にCDを贈っても、母親に拒まれるのは当然である、というように、樹理さんはとらえていたかもしれない。このように樹理さんは、単に過去の一時期のあいだだけ自分は悪い子だった、ととらえるだけでなく、悪い子であった過去の自分に、今もなお責任をとらなければならなくなる。自分は虐待された、とみなさねばならない辛さを逃れることによって、自分の本質を、よりいっそうネガティヴに規定せざるをえなくなる。こうして彼女は、虐待されたという辛さをさけるために、別の辛さを味わってしまうことになる。

樹理さんは、自分のふるまいをこれほどまで強く母親から否定されて、はじめて、「懲りました」と、語るにいたる。樹理さんが後に語ってくれたことであるが、「娘だなんて思わないで」、といった言葉を母親からかけられたのは、このときがはじめてではなかったそうである。しかしながら、これまでの樹理さんは、母親のそうした言葉に傷ついた様子を示すことはなく、ましてや、林さんやハル子さんに、自分のそうした体験を語ることもなかった。つまり号泣することは、樹理さんの大きな変化であり、このときの樹理さんにとって、母親との関係がネガティヴなものであることを引き受けるために可能な、唯一のあり方だったのであろう。

過去は過去であり、過ぎ去った出来事にすぎない。そうである以上、過去によって私たちの行動がすべて決定されてしまう、ということはない。だがそうはいっても私たちは、過去から出発することによってしか、新たな行動をとることはできない[43]。樹理さんが、親から拒まれた、という過去を受け入れることによって、はじめて、これからの彼女の行動もまた、彼女の状況に即したものになっていくはずである。過去は、すでに過ぎ去ったにもかかわらず、こうした意味で、私たちの行動の足かせとなるような、「重苦しさ」をそなえている[44]。

このときの樹理さんには、親との良好ならざる関係を、虐待と認めることはいまだできていなかったかもしれない。自分の本質を否定的にとらえてでもなお、それは〈しつけ〉だった、と理解したい思いを、捨てきれずにいたかもしれない。しかし、少なくとも、彼女は、号泣せざるをえないものとして、自分の過去の重苦しさを引き受けている。樹理さんの号泣は、そうしたもろもろの辛さを自分が引き受けざるをえないものとして受け入れるための、彼女の覚悟の現われであっただろう。また同時に、きわめて大きなやるせなさをともなう、あきらめと一体となった、彼女なりの辛さの表出でもあったのではないだろうか。

とりわけ、樹理さんが林さんやハル子さんの前で泣いたことは、このとき樹理さんの味わった辛さが、樹理さん一人では支えることのできないほど深かったことを示している。ほかならぬ樹理さん自身が、母親との関係を〈虐待〉以外のなにものでもない、と意味づけるには、〈しつけ〉というこれまでの解釈を否定しなければならない。しかも、否定しなくてはならない〈しつけ〉という解釈は、彼女にとって、望んでやまないものである。そうである以上、樹理さんは、しつけが真実であってほしい、という切なる思いをかかえつつ、その解釈を自分で否定しつづけなければならないのである。樹理さんは、林さんたちがその辛さまでをも分かち合ってくれるからこそはじめて、二人の前で号泣できるのであり、彼女一人ではのりこえられなかったきわめて大きな辛さを、のりこえようとすることができるのではないだろうか。

筆者に対してこの体験をさばさばとした口調で語る樹理さんの様子と、また、「地元の方がいい?」というハル子さんの問いに対して全面的に否定する樹理さんの言葉からは、樹理さんが、自分の辛さをいまだ完全にのりこえることはできなくとも、ある種のあきらめと覚悟とをもってとらえていることがうかがえる。たしかに、自分を支えてくれるはずの家族関係を、このときの樹理さんが完全にあきらめている、とは考えがたい。事実、樹理さんは、筆者に対してはにこにこと笑っていられるにもかかわらず、ハル子さんという親密な他者に対しては、苦い表情や辛そうな様子が自然とにじみでてくる。しかし、少なくともこのときの樹理さんが、あきらめるべきこととして自分の体験をとらえるようになっていたことは、たしかなのではないだろうか。

養育者とのやわらかな関係

樹理さんは、虐待について林さんと語り合うようになってから、じっと考えこんだり、食後は自分の部屋にこもるといったことがふえてきた。やがて自分から、虐待について勉強したいと言いだし、『〝It〟（それ）と呼ばれた子ども』などの本を読むようになる[45]。親に関する樹理さんの語り口もさらに変化し、彼女なりの虚勢をいくらか感じさせるものの、樹理さんが親との関係をなんとかあきらめようとしていることがうかがえるようになる。

また同時に、樹理さんは、養育者とのあいだで、やわらかな関係をきずけるようになっていく。たとえば、林さんが出張から帰ってきた日、樹理さんは、林さんに会うなり、「ねえ、夕べは私に会えなくて淋しかったでしょ、淋しかったでしょ」と早口でくり返し、林さんもにこにこ笑いながら、「いやあ、樹理ちゃんのことなんて思い出しもしなかったね」と軽口を返す、といった対話をくりひろげていた。このときの二人のやりとりからは、樹理さんが、彼女ならではの巧みな冗談を介しつつ、かつては、しかられるだけの相手ととらえていた林さんに信頼をよせ、甘えるようになっている様子がうかがえる。樹理さんは、母親との関係が虐待であることを事実として引き受けるからこそ、他方で、養育者と今生きる関係にも、同じか、それ以上の重みを求めていた、と考えられるのである。

こうした過程をへつつ、樹理さんが過去の体験を引き受けていく様子は、ハル子さんの誕生日に樹理さんがハル子さんに送った手紙の一部からもうかがえる。

【手紙】XXX1年9月9日

ハル子さんは私のお母さんです
私には本当のママがいる
でもママは私を捨てた
ハル子さんは、そんな私を優しくなぐさめてくれた
社会のきびしさも教えてくれた
泣いている時にそばにいてくれた
ありがとう

この文面からは、「捨てた」、という強い言葉で語ることによって、母親からの虐待という不条理な事態を引き受けよう、と自分に言いきかせている樹理さんの思いがうかがえる。林さんに指摘された当初は、自分の過去を虐待ととらえることができず、そのため、無理にでもポジティヴな解釈をすることによって、辛い過去をなんとかのりこえようとしていた樹理さんは、このころには、親との関係を自分から否定することで、そののりこえがたさを、なんとか克服しようと試みているよ

うに見うけられる。

過去がとり返しのつかないものとなるまで

しかしながら、親との関係をこうしたかたちで語るようになり、また【CDをつき返される】の場面では、「地元にもどらない」と明言していたにもかかわらず、樹理さんは、【手紙】の場面の翌月、ホームを出て自立すると、「かわいがってくれたおばあちゃんちに近いから」と言って、実家近くにアパートを借りる。結果的に、樹理さんは、経済的にうまくいかなくなったことも重なり、3ヵ月後、ふたたびホームにもどってくることになる。そして、その後ホームで約1年半ほど過ごし、2度目の自立となる。

【CDをつき返される】の場面において、「懲りました」と語るときの樹理さんは、たしかに、母親との関係に懲り、帰りたくない場所として地元を選択していたであろう。しかしながら、もしも樹理さんが心のなかで決心するだけでなく、実家から遠く離れた場所を自立先として本当に選んでいたならば、この選択は同時に、家族とは切り離された場所で、今だけでなくこれからもずっと生きていくことも意味する。その選択が、これからもずっと自分を拘束しつづけることになる、ということを、樹理さんは実感することになる。すなわち彼女は、この選択を実現する瞬間に、はじめて、〈懲りる〉とは母親とどのような関係を以後もちつづけることであるのかを実感するのである。というのも、「いったん引き受けられた拘束は、私に重くのしかかる」からである[46]。他方、【ＣＤをつき返される】のときの樹理さんにとって、将来の自立は、今まさに自分自身によって実現されようとしている可能性とはいまだなっていない。だからこそ樹理さんは、その本当の辛さを実感せずに、地元の近くではない場所で暮らすことを、あたかも実際に選択したかのような口調で話すことができるのである。

このことからも明らかなように、ホームでの生活は、ある意味では、現実から切り離されているのりこえなくてはならない生い立ちや、それに即した可能性の選択は、樹理さんがその選択からまだ遠くにいるかぎりは、決して際立ってくることがない。それゆえ、ホームで暮らすあいだは、樹理さんは養育者と共に辛い状況を引き受けることで、自分の辛い過去をのりこえる、というあり方をしつづけられたであろう。ところが、ホームを出ると今度は、そうした辛さを彼女はたった一人でのりこえていかなければならなくなる。このとき、虐待という過去は、新たなのりこえがたさをふくんだ壁としてふたたび現われてくるだろう。

樹理さんは、ふたたびホームにもどり暮らすことによって、過去をもう一度のりこえるための準備をととのえていく。自分の過去がどれほど辛くとも、ホームを出た後の日々の生活のなかでも、その事実に屈することなく、むしろそうした辛さをバネとしてたえていくだけの精神力をつけることが、樹理さんの２度目の自立までに求められる課題となったのである。

次の記録は、ホームでの２度目の生活が約１年過ぎたころの、樹理さん（18歳）と林さんの対話場面である。樹理さんは、このころから、自立するに充分な準備がととのいつつあるとして、2度目の自立のタイミングを検討するようになっていた。記録場面の数日後には、林さんが仕事でF県に行くことになっていた。当時、樹理さんの兄がF県で暮らしていたことから、ハル子さんは樹理さんに、楽しそうに次のように語りかける。

【家族のことはもういい】XXX3年4月20日

「ねえ、林さんについて行ったらいいんじゃない？　お兄ちゃんに会うのに」とハル子さんは、楽しそうに、樹理さんの顔をのぞきこみながら言った。林さんも、「お、一緒に行くか」という。樹理さんは、「ああ、そうか」と嬉しそうに笑ったが、すぐに、その笑いを苦笑いに変えた。そして、「でもねえ、お兄ちゃん、だめだ」とつぶやく。ハル子さんが、けげんそうに、樹理さんの顔をふたたびのぞきこんだ。樹理さんは、ハル子さんを見て、にこっと笑ってから、林さんを見ると、「あのね、昨日ばあちゃんと電話したら言ってたんだけど、お兄ちゃんね、オレは要領がよかった、樹理は要領が悪かったって言ったんだって」と言った。さばさばした口調だが、顔には苦笑いが浮かんでいる。「だめだそりゃ」と、林さんも淋しそうに言った。ハル子さんは、腹をたてたように、「お兄ちゃん、なあにそれ。ぜんぜんわかってないじゃない」と言う。「ね、ぜんぜんわかってないよね。そんなんじゃねえって」と、樹理さんも大きくうなずく。顔からは苦笑いが消えて、むしろさばさばした、おかしそうな表情に変わる。「お兄ちゃんも、必死だったんだと思うよ、自分を守らなきゃいけないからねｊ。でも、そんなのねえ。お兄ちゃんだったら、俺の妹になにするんだってお母ちゃんに言えなきゃ」と林さんは言った。樹理さんは、林さんに笑顔を向けて、「ねえ」と言う。〔略〕樹理さんは、静かにハル子さんの言葉を聞いていたが、しばらくして、「でもね、あたし、一番情けないのは父親だよ」と苦笑まじりに言った。「そう、父親。てめえ、それでも父親か」と林さんも大きな声で言う。「パパも、自分を守るのに必死だったと思うんだ。だから、目立たないように目立たないようにってしてたんだよね」と樹理さんは言う。〔略〕樹理さんは、じっとだまっていたが、しばらくして重そうに口を開くと言った。「あたし、もういいんだ、母親とか父親は。お兄ちゃんとだってもうだめだし」。

母親から虐待された、という事実を少しずつ受け入れ、良好な関係をきずくことをあきらめていくなかで、樹理さんは、しばしば、自分を育ててくれた父親に対する感謝を述べていた。また、兄をほめ、お兄ちゃんとの関係はうまくいっている、と主張していた。しかし、それから2年近くたったこの記録場面においては、樹理さんは、父親や兄とのそうした関係さえ否定する。

たしかに樹理さんは、父親や兄から直接虐待を受けたことはないようである。かつて樹理さんが、父親や兄との関係を肯定的にとらえようとしていた根拠も、そこにあったと考えられる。しかしながら、このことは、樹理さんにとっての理想的な家族とは、〈虐待されない家族〉でしかなかった、ということを物語っている。彼女が理想の家族像を描くための背景としての家族体験は、それほどまでに貧しいものでしかなかったのであろう。

しかしながら、この場面においては、樹理さんは、兄が自分の辛さをわかってくれていないことも、父親が自分を守ってくれなかったことも、事実として引き受けている。このことは、樹理さんが、互いに助け合い、傷ついた者をなぐさめ合うことのできる、より豊かな関係を、理想の家族像とできるようになったことを物語っている。したがって樹理さんは、自分の生育環境において、なにがどれほどそこなわれてきたのかを、それまでよりもいっそう具体的に、ありありと実感してもいるはずである。それは樹理さんにとって、新たな辛さとして経験されることになるだろう。しかし、事実を受け入れることで、樹理さんは、虐待という自分が望みも選びもしなかったはずの生い立ちを、本当に過ぎ去った自分自身の過去として選択することになる。そして、その選択に基づく、堅実で豊かな、新しい生き方へと、自分自身を導くことになる。

事実、このとき樹理さんは、兄や父親について、あきらめたような口調で語りながらも、二人を責めようとはしない。それどころか彼女は、二人の事情をおもんぱかりさえしている。彼女は、逆境におかれつつも、他者の気持ちに対し敏感になり、思いやり深くふるまうことができる。彼女が、自分の過去の重苦しさを受け入れられるようになったこのとき、樹理さんの過去は、「もはやとり返しのつかない」[47]ものとなる。というのも、過去がとり返しのつかないものであると自覚することによって、私たちは、その過去に引きずられることなく、新しい可能性へと向かって生きることができるからである。樹理さんの場合も、彼女にとっての過去は、もはや、家族との良好な関係をきずく努力をするよう、樹理さんに要求しなくなる。このときはじめて、本当の意味で、彼女は、被虐待体験を過去のものとすることができた、と言えるのではないだろうか。

【家族のことはもういい】の場面の4ヵ月後に、樹理さんは、2度目の自立をする。今度は、ホームのすぐそばにアパートを借り、充実した日々を送るようになった。数年後、樹理さんは、ホームで生活していたころからつき合っていた恋人と結婚した。とはいえ、これまで探ってきたことからも推測されるように、ホームを出て新たな生活をはじめれば彼女の生い立ちの問題はすべて解決する、というわけではない。彼女はこれからもずっと、過去をのりこえるという自己を、日々生みだしつづけるしかない。それゆえときに彼女は、たえがたいほどの辛さやさみしさに襲われながらも、それでももちまえの明るさと積極性とをもって、日々を過ごしている。その支えとなっているのは、今は同じ家で暮らしているわけではないにもかかわらず、ずっと〈家族〉としてそばにいつづける林さん夫妻であろう。そしてまた、彼女が自分の手で作りあげた、彼女自身の新たな家族なのであろう。樹理さんは、結婚後も、しばしば、林さんやハル子さんに電話をしたり、夫婦でホームを訪ねてきては、「聞いてよ、うちの旦那さあ」、と笑いながら語る。そのようにして樹理さんは、なにものにも代えがたい彼女自身の家族と共に、家族との問題をのりこえていける自分でありつづけようとしているのではないだろうか。

付記：本章は、『虐待された子どもたちの自立』（東京大学出版会２００９）のうちの樹理さんの事例を使ったが、その他は、彼女にとっての再出発の意味をさらに深める必要から、ほぼ書き下ろしたものである。

第4章　子どもの辛さをめぐって

中田　基昭

第1章から第3章で子どもたちのあり方を探るための導きとしたハイデガーとサルトルは、現象学の一領域である、実存哲学の代表的哲学者である。実存哲学がどのような哲学であるかについては、さまざまな見解があるだろう。しかし、本書との関わりからすれば、人間を一般的にとらえるのではなく、あくまでも個々の人間に即してとらえようとするのが実存哲学である。ハイデガーも、そのつどの個々の人間のあり方を、その人間自身にとっての現われ方に即して解明することを課題としている[1]。第3章で導きを与えてくれたサルトルも、人間研究には、ある人間に関して「個別的なものを理解することが、そして、しばしば瞬間的なものさえをも理解すること」が求められる[2]、と述べている。本書のように、個々の子どものある状況におけるあり方を探ることが、実存哲学のめざしていることと一致するだけではなく、前章までおこなってきた事例研究こそが、実存哲学を具体的に遂行することにもなる。それどころか、サルトルは、より明確に、「具体的な現実が、…理論的探求の成果を、柔軟にしたり豊かにしてくれる」[3]とし、現実の人間の生き方こそが理論を導いてくれることを主張している。このことから本書では一貫して、ハイデガーやサルトルの思索をとり入れながらも、あくまでも子どもたちの現実の姿を出発点とし、彼らのあり方を探ることを追求してきたのである。

第1章では、個々の子どもが、それぞれかなり辛い境遇《きょうぐう》を背負いながら、どのような可能性を生きようとして日々の生活を送っているのかが探られた。第2章では、思春期の少女たちが、世間の普通のあり方に安住できず、本当の自分にとっての可能性を、つまり本当の自分へと向き合うことを求めて、自分たちのあり方を能動的に変えようと試みていることが明らかにされた。第3章では、親から虐待《ぎゃくたい》を受けてきたやはり思春期の少女が、養育者の眼差しにさらされながら、過去の辛い境遇をのりこえることによって、自立への可能性を自分から切り拓いていった変化が明らかにされた。彼女の歩みは、序章でふれたように、施設を巣立った後も自立の歩みがつづいていくことを、典型的に明らかにしてくれる。

そこで本章では、前章までで明らかにされたことをさらに深く探るため、実存哲学の観点に多少たち入りながら、自分自身へと向き合うことによって本当の自分であろうとし、自分の可能性を実現しようと苦悩している子どもたちのあり方の背景にせまってみたい。というのは、序章で示唆したように、また、本章でさらに探るように、本当の自分であることと可能性を生きることは、実存哲学においても思索の中心的な事柄であるからである。したがって本章は、実存哲学に基づく人間研究のための導入、という意味をそなえることにもなる。

第１節　本当の自分

私たちは、通常の日常生活でも、自分のことは自分が一番よく知っているし、そのつどの状況でなんらかの行動をしたり、なにかを考えたり、さまざまな感情や気分にひたっているのは、まぎれもなく自分自身である、ということを素朴に確信している。そのため一見すると、実存哲学が問題とするような、本当の自分についてことさら問題としたり、ましてや哲学的な思索や解明の課題とする必要はないのではないか、とさえ思えてしまう。本書で描かれているような子どもたちは、特別な境遇にあるため、いわゆる〈問題行動〉をおこしたり、大きな不安に苛《さいな》まれたりしている、とみなされるだけであることが多い。たとえば、自分の生き方を大事にしなかったり、他者関係に大きな困難をかかえている子どもをいわゆる社会に適応した仕方で生きていけるようになることをめざして彼らと関わるおとなが、そうした子どもに本当の自分とはどのようなことなのかを教えればよい、と思われがちである。あるいは、第２章でも述べられているように、子どもたちの「人間関係の悪さの理由を、彼女たち一人ひとりの性格や、彼女たち同士のいわゆる相性に求める」ことも、しばしばなされている。

しかし、実存哲学は、私たち人間が、実は本当の自分であるようなあり方をしていないこと、通常の日常生活はもとより、これまでの哲学や学問においても、とらえそこねていたことを明らかにしている。第2章でハイデガーの世間についての記述に即して述べられているように、このことは、私たちが、実は世間があらかじめ描いてくれているところの普通であるために、平均的なあり方をしていることからも明らかになる。

本書で描かれる子どもたちの場合だけではなく、私たちおとなも、本当の自分として生きることと、つまりそのつどの状況において本当の自分として存在することが困難なのは、ハイデガーがいうように、自分自身が現に存在しているという、私にとっての私の存在の「根拠」を、私自身が自由に支配できないからである[4]。私たちは、現実にこの世に生まれてしまっているため、自分が存在する前の状態にもどって、自分の存在、つまり自分が現に生きているという事実を、自分で生みだすことはもはやできない。このことは、思春期において、《なぜ自分はこの世に生まれてきたのだろう》、《自分が今生きているのはなぜだろう》と自分の存在について悩むようになるとき、典型的な仕方で明らかになる。あるいは、本書で描かれているような子どもたちのように、あるいは彼らとは異なる状況であるとしても、自分が生きていることの意味が自分自身にとってきわめて疑わしくなると、自分の存在の根拠の不確かさが実感されることになる。

それどころか、私自身の誕生という、私の今の存在を生みだしてくれた、きわめて私的で個人的な出来事でさえ、私自身にとってはたしかなことではない。現象学の立場から、他者は私を豊かにしてくれることを明らかにしようと試みているヴァルデンフェルスのいうように、「私がそのひとの証言に頼りつづける他者によってのみ、私の誕生は、〔私自身に〕体験可能な出来事である」[5]ほかない。そのため、サルトルのいうように、私の誕生によって私が現に存在するようになったときから、「私は、ただひとりで世界の重みを担い、なにものも、まただれも、その重みを軽減してくれることはできない」[6]のである。事実、大塚によると、両親についての記憶がまったくない、あるいは両親による養育をそもそも受けたことのない施設で暮らしている子どもたちは、思春期になると、ケアワーカーの退職などにより、彼らが子どものころにはどのようなあり方をしていたかがわからなくなるため、不安におちいることになる[7]。

さらには、第3章で引用されているサルトルのいうように、私たちは、「自分の境遇を選択し〔え〕ない」[8]。たとえばどのような親のもとに生まれるかだけではなく、どこでいつ生まれるかについてさえも、さらには、自分が生まれて今現に存在していることについても、私たちはその根拠をもつことができない。そのため、自分が今どのように存在しているかも、サルトルにいわせると「偶然性」につきまとわれた出来事でしかないため[9]、自分の存在にはなんの必然性もないのである。

それにもかかわらず、私たちが通常は自分の生き方についてさほど大きな不安におちいることなく日常生活を送れるのは、世間の一員として生きることができるからである。そしてさらには、上で引用したヴァルデンフェルスのいうように、私の出産や出産以後のいわゆる〈もの心〉がつくまでの私の成長を私に語ってくれる、他者のおかげでもある。

だが、第1章と第2章で描かれている子どもたちには、自分の出産とその後について語ってくれるおとなである親がいない場合が多い。そのため彼らの場合には、私たちとは異なり、自分の存在の根拠のなさが彼らの生活に深く影を落とさざるをえない。たとえば第1章で描かれた、宿題のプリントを見つけることのできなかった広君が、最後には自分の部屋をとび出してしまうのも、自分の生まれた場所と産んでもらった親から出発して、広君の今現在の自分の部屋にいたるまでの連続性が途中で断ち切られているため、サルトルのいうところの自分の存在の偶然性が彼に強く際立ってくるからではないだろうか。この連続性が途中で断ち切られているため、かなり強い不安におちいると、広君にとっては、現在の自分の部屋にとどまりつづける必然性がなくなってしまうのではないだろうか。

すると、第2章で描かれている思春期の少女たちが、たとえば、生きているのが辛《つら》くなり、「深夜に、『もういやだ！　死にたい！』と泣きじゃくる」のは、施設での生活に疲れたり、そこで生活することの辛さから逃れたいために発せられた言葉や行為ではないことになる。自分の誕生という出来事を彼女たち自身に経験可能にしてくれる他者が身近にいないため、あるいはそうした他者との別れによって、現在の彼女たちの存在の根拠の連続性はかなりもろくなっている。そのため、彼女たちがなんらかの辛さを味わったとき、その辛さを味わっている自分の存在の根拠のなさが、私たちよりもよりいっそう鋭い仕方で、彼女たち自身につきつけられることになる。しかも、サルトルのいうような、自分が生きている世界の重みをただ一人で担わなければならないことを、人生のかなりはじめの時期に、あるいは施設にきてそこで新たな人生を再出発させなければならなくなったときから、彼女たちはすでに身をもって体験してきたことは、容易に想像できるであろう。そうだとしたならば、彼女たちが生きている根拠のなさは、私たちよりもかなり強く彼女たちに実感されているはずである。第2章で描かれているように、自分の誕生日にこだわるのも、彼女たちは、自分の出生の偶然性を、〈誕生日をみんなで祝ってくれる〉という必然性でもって支えたいのではないだろうか。

しかも、第2章で描かれているように、彼女たちが泣きじゃくるのは、深夜である。ホームではルールを守り合うことなどを介して、みんなと同じように生活することによって自分たちの存在をなんとかして互いに支え合っている昼間とは異なり、深夜一人になると、自分の存在の根拠のなさが、夜の闇と静けさによって彼女たちにより強く感じられることになるのではないだろうか。そうであるとすると、第2章で述べられているように、「ホームでの少女たちの関係は、一見するとかなり親密」であり、「夕食の食卓は、彼女たちの会話でにぎやかである」ことと、ホームでは擬似的な世間をなんとか維持してみんなと同じように生活しようとすること、深夜に泣きじゃくることとは、彼女たちの存在の根拠のなさのそれぞれ異なる現われであるだろう。にぎやかな会話をかわすことは、自分の存在の根拠のないことを忘れさせてくれる。みんなでルールを守って生活することは、生活の根拠がルールによって支えられていることを実感させてくれる。しかし、深夜になって自分一人になると、夜の闇と静けさによって、自分の生きている世界の底のなさが実感され、それと共鳴するかのように、彼女たちは、自分の存在の根拠の底なしの深淵につき落とされたかのような想いにかられるのであろう。自分の存在の根拠のなさが日常生活においてもつねに感じられているため、彼女たちは、能動的に他者関係を維持することによって、ホームでの自分たちの生活の偶然性をいくらかでも必然性をそなえたものであるかのように、したいのではないだろうか。

こうした少女たち自身にとっての存在の根拠のなさは、序章でも引用した、「ホームを移っても、…辛いのはなにも変わらなかった」という、ある少女の言葉からもうかがえる。この言葉は、辛さの原因を、ホームの移動という外的な状況に求めていないからである。辛い状況を生きている自分の存在の根拠がないことを自覚することがないなら、そうした状況を生みだしたのは自分自身でないことになるため、自分の辛い存在の根拠を自分以外のものに転嫁することもできる。

こうしたあり方とはまったく逆のあり方を典型的に、しかもかなりの実感をもってとらえさせてくれるのは、第3章で描かれている少女である。やはり序章でも引用した、「あたし、もういいんだ、母親とか父親は。お兄ちゃんとだってもうだめだし」という樹理さんの言葉は、彼女のあきらめだけを表明しているのではないことは、第3章で描かれた彼女の変化からも明らかであろう。しかも、この言葉からは、序章ですでに簡単にふれたような、彼女の覚悟の強さや、この言葉を発するにいたるまでに、本当の自分へと向き合う過程で彼女がのりこえてきた境遇の辛さが透けてみえてくるだけではない。実存哲学の立場からすれば、この言葉は、次のような彼女のあり方の彼女自身による表明ともなっている。

サルトルは、物体の変化や運動などが自然科学の法則によって説明できるのとは異なり、そもそもある「行為が人間的行為であるのは、それについて私たちが与えるあらゆる説明をその行為がこえでるかぎりにおいてである」[10]、という。また、私は、私の行為をうながす動機から逃れていて、「私は、つねに、私の本質のかなたで、私の行為の動機のかなたで存在するようにと、運命づけられている」[11]、ともいう。このことは、自然科学の規定する法則だけではなく、なんらかの動機や原因に基づくこともなく行為しているときにこそ、私の行為は、自然界の出来事とは異なり、人間的な行為となる、ということを意味する。樹理さんの場合は、過去の被虐待経験や現在の母親との関係が原因や動機となって、彼女が辛さをこうむっていたり、彼女の問題行動を引きだしているならば、彼女のあり方や、このあり方に基づく彼女の行為は、自然界の出来事と同様、因果論的な仕方で生じていることにしかならない。あるいはせいぜい、そうした原因や動機のために彼女自身の現在の状況や境遇が結果として生じている、と彼女がとらえていることにしかならない。さらには、警察に保護されるようないわゆる〈悪い子〉であるという、彼女の本質によって彼女の問題行動が引きおこされる、と考えることは、彼女の行為やあり方を自然界の出来事をとらえるときと同じ観点からとらえることにしかならない。また、母親からは第3章で描かれているような対応しか得られなかったことによって彼女の以後のあり方が決定されてしまう、と考えることも、同様である。このように考えることによっては、第3章で描かれているような、樹理さんの問題行動や辛い過去ののりこえを樹理さんのあり方に寄り添ってとらえることは、できなくなってしまう。

第3章で描かれたように、2度目の自立に際して、樹理さんは、もはや現在の彼女のあり方の原因や動機を自分以外のだれかのせいにすることをしなくなっている。この時期の樹理さんは、サルトルのいうように、虐待をこうむったことが彼女の本質となっているというとらえ方のかなたで、つまり、被虐待経験によって彼女の以後の人生が決定されるといったとらえ方をこえて、人間味あふれるあり方ができるようになったことが、第3章の行間から透けてみえてくる。彼女のこうしたあり方からは、被虐待経験という過去を自分で受けとめることにより、彼女の未来が開かれてきたということだけではない、ということも明らかとなる。

2度目の自立の時期の樹理さんは、通常よくいわれるような、彼女のかつての被虐待経験が彼女の問題行動を生みだしたり、彼女のあり方の本質となっているといったとらえ方から脱しているというだけではない。樹理さんは、彼女の家族が以後の彼女の人生にとってもはや拠りどころとはならないことを、覚悟したことはたしかであろう。しかしさらに彼女は、家族との関係を断ち切ることによって、自分の行為の原因を他者のせいにはしないあり方を今後もしていくことを、上述の言葉によって自分から表明しているのである。そしてこの言葉は、きわめて良い意味で、今後の人生を、林さん夫婦に一方的に頼ることなく生きていくことの表明にもなっている。だからこそ、2度目の自立後に結婚した樹理さんは、ホームで林さん夫妻に養育されていたときとは異なり、本当に自立した人間として、林さん夫妻と同等に関わり合えるのであろう。「聞いてよ、うちの旦那さあ」という、自由でのびのびとした口調で林さん夫妻に語りかける彼女のあり方が、このことを典型的に物語っているのではないだろうか。

たしかに、第3章の最後に述べられているように、だからといって樹理さんは、彼女の生い立ちの問題のすべてに決着をつけたわけではないであろう。しかし、だからこそ彼女は、辛い過去をのりこえてきた彼女自身のあり方をこれからの生き方の根拠とすることができるはずである。林さんに言わせると、親からの虐待はかつての樹理さんのあり方の〈ひずみ〉を生みだしていた。しかし、これからの樹理さんにとって、ホームにきたころの生活をふくめた彼女の辛い過去は、生い立ちの問題のすべてが解決していないからこそ、その解決に向けて彼女がこれから生きていくための根拠となるのではないだろうか。

彼女がこうしたあり方にいたるためには、実存主義の哲学者であり精神病理学者でもあるヤスパースのいうように、「自分の負い目」から逃れることなく、むしろそれを「引き受けること」がまず必要になる[12]。彼女は当初、自分自身へと向き合うことが困難であった。そしてそこから進むためには、彼女の問題行動の根底にある被虐待経験という克服すべき事実に「つきあたり」、そこで「挫折」しなければならない壁のような「限界状況」がまず必要であった[13]。ハンセン病に感染し、生きがいを失った人間がふたたび生きがいを見いだすまでの過酷《かこく》な生き方に寄り添った精神科医である神谷は、次のようにいう。苦悩が「自己に対面する」ことを可能にしているのであり、「人間が真にものを考えるようになるのも、自己にめざめるのも、苦悩を通してはじめて真剣に行なわれる」[14]。日常生活をさほど大きな支障なく生きている私たちには経験できない境遇にあった樹理さんのような少女が、第3章で描かれている劇的な変化をとげたのも、こうした大きな壁である限界状況を林さん夫妻と共に生きたからではないだろうか。

ここまで探ってきたように、自分自身へと向き合うことが大きな苦悩や不安をともなうことになるのは、自分自身の存在の根拠を自分で支配できないからである。では、そもそも不安におちいるということは、どのようなあり方なのであろうか。次節で探ってみたい。

第２節　可能性にともなう不安

実存哲学においては、不安と恐怖は、次のような観点から区別されている。

たとえばハイデガーのいう不安は、すでに序章で簡単にふれたように、なにかについての不安ではない。ハイデガーによれば、私たちは、なんらかの対象や出来事や人間に対して不安になるのではなく、なにが原因かもわからないまま、不安になるのである。他方、恐怖は、自分を脅《おびや》かしてくるものがどのようなものであり、どこからくるかがとらえられている。そのため、私たちは恐怖の対象から逃れようと試みることができる。しかし不安においては、〈それ〉や〈そこ〉から逃れようとする際の、〈それ〉や〈そこ〉にあたるものがない。ハイデガーは、不安の対象は、「なにもないものであり、どこにもないもの」[15]でしかないという。そうであるからこそ、不安においては、自分の存在の根拠や支えが非常にもろくなっていると感じられ、「居心地《いごこち》の悪さ」や「不気味さ」[16]がつきまとうことになるのである。第1章で描かれている子どもたちが、たとえば宿題のプリントが見つからないことに苦悩したり、第2章で描かれていた少女たちの「人間関係の悪さ」が、「なんらかのトラブルによるもの」ではなく、「はっきりとしたトラブルがないにもかかわらず、ホームの全員がいいようのない居心地の悪さを感じて」しまうのも、こうした苦悩や居心地の悪さの根底に、彼女たちが日常的におちいっている不安があるからであろう。不安の対象はなにもないものであり、どこにもないものであるため、子どもたちの日常生活につきまとう根本的な気分としての不安は、彼らの生活に影を落としつづける、という仕方でしか、彼ら自身にはとらえようがないのである。

しかも、居心地の悪さや不気味さをもたらすものがなにであり、どこにあるかがわからないため、不安は底なしとなる。そのため、第1章で述べられているように、子どもたちが、「ホームで暮らしはじめてからしばらくのあいだ、天井やドアのすきまに幽霊のような影がみえるといって、夜中にパニックになっておきてきたり、トイレや浴室に入ることを怖がっていた」のも、また、凛ちゃんが入所当初立ちつくしたり、宿題のプリントが見つからない広君が部屋をとび出したりするのも、彼らが臆病であったり、環境の変化に適応する力が弱かったり、忍耐力がないためではない。子どもたちがこうしたことを体験せざるをえないのも、彼らが新しい世界を生きる際に、ハイデガーのいうところの、その世界で可能性を実現していくための「意義」が彼らの世界から失われ[17]、自分のまわりにあるものに適切に対応できなくなるからである。自分のまわりにあるものから親しみ深さが失われてしまえば、道具をどのように使ったらいいのかがわからないため自分の可能性がふさがれると同時に、それらは不気味なものとして現われてくるしかなくなるのも当然であろう。つまり彼らは、意義が失われた世界で、彼らのあり方の根底において自分の存在を支配できないことを私たち以上に鋭く感じているため、ささいな出来事であっても、それに適切に対応できなくなると、不気味さをともなう不安におちいってしまう。ハイデガーのいうように、なにに対して不安になるのかがわからないまま不安におちいるため、彼らはどのようにして状況に対応したらいいのかがわからなくなり、容易にパニック状態におちいってしまう。こうして子どもたちは我が家でくつろいでいるときのような安心感が得られないだけではなく、その可能性はふさがれ、第2章で述べられているように、閉塞感《へいそくかん》におちいることになってしまう。

第2節　可能性にともなう不安

子どもたちの可能性のあり方については、第1章から第3章でもかなりくわしく探られている。そこで以下では、この観点を実存哲学の立場から本当の自分のあり方に関わらせて、さらに探ってみたい。

実存哲学において可能性が重要な観点となるのは、私たち人間のあり方が、そのつどの現実的なあり方によってではなく、どのような可能性を生きているかによって規定されているからである。生きているかぎり、私たちは、現在の状態にとどまることができず、つねに次の瞬間になにかをしなければならないようにせまられている。このことは、私の次の行為は、現在の私のあり方からいわば自動的に動機づけられたり、単に外的な状況が原因となって決定されるのではない、ということを意味している。たしかに、私は、いくつかの可能性のなかからある行為を選択することができる。しかしだからといって、私は、自分の次の行為を、さらには、これからの生き方を、いわば主体的に選択しながら存在しているとはかぎらない。本当の自分として可能性を実現するためには、その可能性をほかのだれでもない私自身の可能性としなければならない。

次の瞬間をふくめて、これから実現されることになる本当の自分の可能性は未来に属するため、現実となるかどうかはかなり不確かである。たとえば、私がこれから手術を受けることになったとしよう。その手術の成功率はかなり高く、たとえば99パーセントであると伝えられても、私には残りの1パーセントの失敗の可能性が気になり、安心して手術を受けることができなくなるかもしれない。こうした例から明らかになるのは、私にとってかなり重要な可能性は、その当事者である私とそうでない他者とのあいだでは、まったく異なった重みをもっている、ということである。しかし、もしも自分が手術をすることになったらならば、というように可能性を想像するだけならば、そのときの可能性は〈他人の可能性〉でしかなくなる。

サルトルは、ある可能性が他人の可能性ではなく、私の本当の可能性となるためには、「そのほかの可能性を〔いったん〕たてたうえで」、そのほかの可能性が実現しないようにと、気をつけなければならない[18]、という。そして、序章でふれたように、私にとって重要な選択をせまられ、〈自分はいったいどうしたらいいのだろうか?〉と自問するとき、つまり、自分にとって好ましい可能性を実現するため、ほかの可能性の実現を注意深く排除しようと試みながらも、もしかしたらほかの可能性を実現してしまうのではないか、ということが私自身に強く心配されるとき、不安におちいるのである。第3章で、樹理さんのあり方を探る際に、「私たちは、なにかから話をそらしたり」、「目をそらす」ためには、自分がなにからそらそうとしているのかを的確にとらえていなければならないことが示された。同様に、不安においても、私の可能性を実現するため、そのほかの可能性の実現を防ごうとすればするほど、私はそのほかの可能性をほかならぬ私自身が実現してしまわないように、気をつけつづけなければならなくなる。と同時に、こうしたあり方は、ほかの可能性をもしかしたら私自身が実現してしまうかもしれない、という強い心配に私がとらわれていることの証《あかし》でもある。つまり、ほかならぬ私がそのほかの可能性を実現してしまうかもしれない、という不安に、私はおそわれていることになる。慎重になればなるほど、さけるべき可能性を実現してしまうのではないかと不安になることは、私たち自身もしばしば体験しているところである。

以上のことからすると、第3章の【エジソン】の事例で樹理さん自身が虐待を「私もやるかも」と言ったとき、彼女はサルトルのいう意味での不安を強く感じたのではないだろうか。虐待されることがどのようなことなのかを身をもって体験している樹理さんだからこそ、我が子への虐待の可能性が、他人の可能性ではなく、樹里さんの本当の可能性となったのではないだろうか。そうであるなら、この一連の対話の最後に樹理さんの表情が少し「たいくつそうになってきた」にもかかわらず、「『私もやるかも』といった言葉からは、彼女が、家族の問題と必死に向き合おうとしている」という解釈は、かなり妥当であることになる。彼女が、家族の問題と必死に向き合おうとしている」という解釈は、かなり妥当であることになる。自分の被虐待経験へと向き合い、〈自分自身も我が子を虐待するのではないか〉と強く自覚することによって、樹理さんは、実現してはならないことがどのようなことであるかを、はっきりととらえざるをえなくなるからである。

したがって不安におちいることは、序章でもふれたが、いわゆるネガティヴなことではない。サルトルによれば、私が私の可能性を実現しようとするのは、私が求めているあり方をめざして、「私は、日々私を選択し」、可能性の実現を介して「私をつくることによって〔＝私を私たらしめることによって〕」[19]、私に出会われてくる出来事を私に即した出来事にしようとするからである。樹理さんが第3章で描かれているような仕方で彼女の可能性を実現しようとするのも、彼女にとって出会われてくる林さんや親の行為を、彼女が望んだようなものにしたいからである。そうすることによって、彼女は、たとえば、親からしかられるような〈悪い子〉になろうとしたり、2度目の自立においては、親と一定の距離をとったあり方になろうとする。

しかし、こういうときの樹理さんの可能性が彼女にとって本当に自分の可能性となるのは、彼女がそのつどの状況のなかで現実の彼女のあり方に満足していないから、つまり現実の彼女のあり方になんらかの不足を感じているからである。サルトルの言葉を使えば、彼女の存在がなんらかの「欠如」をふくんでいるからである[20][21]。たとえば、しかじかのあり方をしている自分を林さんに認めてほしいという彼女の想いが生じてくるのは、その時点での彼女が、林さんにとっては、しかじかの自分であるような者ではいまだないからである。すると、そのつどの現状に満足せず、自分の現実的なあり方が完全ではないことを、つまり自分のあり方に欠如がふくまれていることを自覚していることによって、樹理さんは、そのつどの可能性を本当に自分の可能性とし、この欠如を満たそうと未来へと向かって自分をこえつづけていけることになる。未来へと向かってこうした仕方で現実の自分をこえていくことができるからこそ、サルトルにおいて、可能性の実現という観点が重要になるのである。また、だからこそサルトルは、自分自身のあり方に欠如があることをあえて甘受し、こうした欠如をたえ忍ぶことが、「感受性の根拠である」[22]、というのであろう。

　実際、第3章で描かれている、【エジソン】の事例以後の樹理さんの変化は、サルトルのいう意味で、自分の境遇を甘受し、それをたえ忍ぶことによって、たとえばハル子さんの誕生日の手紙にあるように、かなり感受性豊かなあり方をするようになっている。あるいは、【CDをつき返される】の事例からは、樹理さんが、母親からCDをつき返されるという出来事によって彼女のこうむった辛さをたえ忍びながら、ハル子さんにも第3章の筆者に対しても、かなりこまやかな感受性をそなえた対応をしていることがうかがわれる。

　したがって、不安におちいることや、現実の自分のあり方に欠如がふくまれているため完全な人間ではないという自覚をもつことは、ネガティヴなことでないだけではなく、豊かな感受性を育むためには、むしろポジティヴなことでもあることになる。おそらくだからこそ実存主義の観点を自分の哲学にとり入れているメルロー＝ポンティは、次のようにいうのであろう。「私は、私のなかにある種の内的な弱さを認め、この弱さが、私にとって絶対的に個人であることを妨げ、この弱さのため、私は、人間たちのただなかのひとりの人間として、…他者の眼差しにさらされるようになる」[23]。そして、ヴァルデンフェルスは、メルロー＝ポンティのこの言葉を受けて、「こうした本質的な弱さのみが、…自分に固有なものと自分とは異なるものとのあいだの浸透を可能にするため、強さでもある」[24]、というのである。

人間の弱さに関するこうしたとらえ方は、従来とは異なる人間観へと導いてくれることになるはずである。実際、本書で描かれてきた子どもたちは、いわゆる問題行動や非行をしたり、自分の辛さをおとなに訴えたり、夜中に泣きじゃくる。また、なによりも施設で養育されなければならない。彼らは、自分ひとりでは生きていけない、いわゆる〈弱い子ども〉であるように思えるかもしれない。しかし、私たちおとなが、日常生活を大きな支障なく送っているのとは異なり、彼らは自分の責任ではないにもかかわらず、サルトルのいうように、彼らにとっては偶然的な自分の境遇を受け入れ、それを甘受し、たえ忍び、序章でふれたように、いまだ思春期や思春期以前の時期にありながらも、本当の自立へと向けて、現実的なあり方をこえて未来の可能性を自分の本当の可能性としながら、日々の生活を送っているのである。

実存哲学に照らしてこうした事実をみるならば、彼らを弱い子どもたちとはもはや呼べないはずであり、子どもたちについてのとらえ方の観点をこのように変えることを私たちにうながしてくれるのである。

第2節　可能性にともなう不安

本章の最後に、子どものあり方について、とくに弱さについての観点を変える、いま一つのエピソードを紹介したい。

ドイツにおける筆者の共同研究者であるドレーアーによって紹介されている次の子ども観も、常識とは異なる彼らの感受性の豊かさと強さとを明らかにしている。次の引用文は、ドレーアーのもとで障害児教育を実践しているディールという教師によって書かれた短いレポートの一部である。

彼ら〔＝車椅子に縛りつけられている子どもたち〕は、言葉を発することも、声をあげることもできないし、手で指し示すこともできないから、彼らの側を通り過ぎていく人を引き留めることもできない。…でも、ひょっとしたら、彼らは、自分の周りにいる人たちをよく見ていて、目で訴えることができるのかもしれない。しかし、周りの人たちが、彼らの眼差しから何かを読み取る能力をもっているということを、彼らは確信できない。われわれは、彼らのことを「全く弱い子どもたちだ」、というう。しかし、本当は、彼らは、全く強い子どもたちなのだ。彼らは、他の人が彼らに近寄ってくれるのを、いつも待たなければならない。待つといったって、他の人が、彼らのきわめて単純な生理的要求を満たしてくれるという、たったそれだけのことを待つだけでしかないのに。――ましてや、彼らの願いや願いを満たすことに到っては、ほとんど話題とさえならないようだ。こんなふうに日々生きていくためには、強くなくてはならない[25]。

ここで描かれている子どもたちは、引用からもうかがわれるように、人間として生きていくうえで最低限必要とされる、衣・食・住に関わる活動を自分から営むことがまったくできない。食事や着がえや排せつも、おとなによって全面的に介助してもらわなければならない。そのため、彼らは、ひとりでは生きていけない弱い人間だと思われてしまう。しかし、引用文のなかで明確に描かれているように、こうした仕方で生きていくために、私たちにはおそらくできないような、精神的に強い忍耐力を彼らはそなえている。そのことは、彼らはなにができるのか、という観点からではなく、彼らがどのようなあり方をしているかということへと、つまり、彼らの生き方を彼らに即してとらえることへと観点を移すことによって、はじめてとらえられるようになる。本書第1章から第3章においても、子どもの生き方に即して彼らのあり方をとらえるという観点から、彼らの再出発と自立が描かれた。

こうした観点は、従来しばしば要求されてきた、いわゆる〈子どもの目線にたってみる〉といった観点とは異なる。というのは、〈子どもの目線にたってみる〉ことは、いわゆる子どもを〈上からみおろす〉ことを防いではくれても、子どもと同じ位置から〈おとなの視線〉で世界をみることにしかならないからである。

家族への再統合が望めない子どもの再出発を実感をともなって感受することは、感受しようとする者自身の人格の変化をおこしかねないような辛さをともなうことになるのではないだろうか。子どもに関わる私たちおとなこそが、研究者としても、実践者としても、欠如をふくんだ現実の自分のあり方に敏感になることによって、自分も弱い人間であることを自覚することを介して、はじめて、彼らの辛さをいくらかでも実感できるのではないだろうか。そして、このときはじめて、自分の存在の根拠のないことの現われである彼らの辛さと、辛さをのりこえていく彼らの再出発と自立の歩みの可能性の実現を、私たちおとなの可能性の実現にすることができるのではないだろうか。自分の弱さを自分で自覚することにより、辛さを甘受している子どもたちの強さに敏感になることを介して、教育研究者や教育実践者にとって異なるあり方をしている子どもたちに実際に関わる可能性を、私たちおとなの本当の可能性とすることができるのではないだろうか。

著者紹介

中田　基昭（なかだ　もとあき）
1948年　東京に生まれる
1980年　東京大学大学院教育学研究科博士課程修了（教育学博士）
現　在　岡崎女子短期大学・特任教授，東京大学名誉教授
主要著書
『重症心身障害児の教育方法』（東京大学出版会，1984），『教育の現象学』（川島書店，1996），『現象学から授業の世界へ』（東京大学出版会，1997），『感受性を育む』（東京大学出版会，2008），『表情の感受性』（東京大学出版会，2011）

大塚　類（おおつか　るい）
1979年　大分県に生まれる
2008年　東京大学大学院教育学研究科博士課程修了（教育学博士）
現　在　青山学院大学教育人間科学部教育学科・准教授
主要著書
『施設で暮らす子どもたちの成長』（東京大学出版会，2009），「文学の授業における豊かな解釈」・「文学の授業における朗読」（分担執筆，中田基昭と共著，中田基昭編著『現象学から探る豊かな授業』多賀出版，2010）

遠藤　野ゆり（えんどう　のゆり）
1978年　山口県に生まれる
2007年　東京大学大学院教育学研究科博士課程修了（教育学博士）
現　在　法政大学キャリアデザイン学部キャリアデザイン学科・専任講師
主要著書
『虐待された子どもたちの自立』（東京大学出版会，2009），「授業における教師の子ども理解」（分担執筆，中田基昭編著『現象学から探る豊かな授業』多賀出版，2010）

新曜社

家族と暮らせない子どもたち
児童福祉施設からの再出発

初版第１刷発行　2011年10月20日
初版第２刷発行　2013年１月20日

編著者　中田　基昭
著　者　大塚　類・遠藤　野ゆり
発行者　塩浦　暲

発行所　株式会社 新曜社
101-0051　東京都千代田区神田神保町2-10
電話(03)3264-4973㈹・FAX(03)3239-2958
E-mail：info@shin-yo-sha.co.jp
URL：http://www.shin-yo-sha.co.jp/

印刷所　三協印刷株式会社
製本所　イマキ製本所

ISBN978-4-7885-1255-9　C1037

注

はしがき

[1] 二人は、そこでの体験をとおして、子どもとケアワーカーや養育者との関係を明らかにしてきた。その成果は、大塚類『施設で暮らす子どもたちの成長』(東京大学出版会, 2009) と、遠藤野ゆり『虐待された子どもたちの自立』(東京大学出版会, 2009) として出版されている。両書には、自分の家族への再統合が不可能な子どもたちが、かなり過酷《かこく》な条件のもと、それぞれの施設のケアワーカーや養育者と共に、社会に巣立っていくことに向けて、つまり自立をめざして、施設での日々を懸命《けんめい》に生きている姿が克明に描かれている。そこで描かれている事例には、それこそおとなと子どもとのあいだの格闘とか対決と呼べるようなものもふくまれている。そこで描かれている子どもたちの再出発や自立の困難さ、この困難さを子どもと共にのりこえようとするケアワーカーや養育者の日々の努力は、まさに格闘、対決としか表現できないものである。この二つの著書では、こうしたことが一貫して現象学に基づいて思索され、解明されている。

[2] 邦訳書のある外国語原典からの引用に際しては、原典と邦訳書のページ数を併記するが、読みやすいものとするため、必ずしも邦訳書の訳には従わなかった。

A.a.O. は同書を、Ibid. は同書か同所を、f. は以下を、Vgl. と Cf. は参照を意味する。

引用文や会話の内容などに補足を加える場合は、〔 〕で示す。

序章　再出発にともなう不安

[1] Heidegger, S.189, II,142頁。

[2] Sartre, p.66, 92頁。

[3] Ibid., p.515, 同書, 836頁。

第1章　施設を自分の居場所にする

［1］Vgl., S.68, I,177頁参照。なお、『存在と時間』からの引用に際しては、原典と邦訳書のページ数のみを記す。

［2］Vgl., S.70, I,181頁参照。

［3］S.71, I,182頁。

［4］S.71, I,183頁。

［5］S.121, I,314頁。

［6］S.84, I,216頁。

［7］S.84, I,217頁。

［8］Vgl., S.84, I,216頁以下参照。

［9］S.87, I,224頁。

［10］S.122, I,316頁。

［11］他者への配慮には、本文中で述べた、他者のために尽力しつつ支配している配慮と、「〔自分が〕手本を示しつつ〔より充実して生きられるようにと他者を〕解放している」（S.122, I,316頁）配慮という、二つの積極的な様態がある。と同時に、「互いに反目し合ったり、無視し合ったり、すれ違うだけだったり、ふれ合わなかったり」といった、「欠損的な様態」もある（S.121, I,313頁以下）。教育や養育の場におけるおとなから子どもへの働きかけの多くは、尽力しつつ支配している配慮であると考えられる。以下、本章では、こうした配慮を尽力的な配慮と呼ぶ。

［12］Vgl., S.86, I,222頁参照。

［13］Vgl., S.75, I,195頁参照。

［14］Vgl., S.355f., Ⅲ,128頁参照。

［15］中田, 174頁。

［16］同書, 175頁。

［17］子どもたちの自立をうながすために、部屋片づけなどをいっさい手伝わない、という方針をとっているホームもある。しかし、本文中でも述べたように、部屋を片づけることで自分の生を慈しむということに実感がわかない子どももいる。したがって、まずは、片づけてもらった部屋に暮らすという経験や、ケアワーカーと一緒に部屋片づけをするという経験をつみ重ねることが、子どもたちの自立にとって重要になってくるのではないだろうか。

［18］Vgl., S.122, I,315頁参照。

[19] Vgl., Tellenbach, S.120, 250頁参照。

第2章　他者と共に暮らす

[1] 施設にそなわる複雑さについては、第1章で家庭的世界と公共的世界という観点から述べた。

[2] S.126f., I,327頁以下。なお、『存在と時間』からの引用に際しては、原典と邦訳書のページ数のみを記す。

[3] S.126f., I,327頁以下。

[4] Vgl., S.127, I,328頁参照。

[5] S.126f., I,328頁。

[6] S.127, I,329頁。

[7] S.144, II,35頁。

[8] S.127, I,330頁。

[9] Vgl., S.127, I,330頁参照。

[10] Vgl., S.177, II,117頁参照。

[11] S.191, II,145頁。

[12] 〈天然〉とは、意図せずに他者とは違う行動をしてしまう人物を意味する、天然ぼけの略語である。

[13] S.126, I,326頁。

[14] Vgl., S.126, I,326頁参照。

[15] Vgl., S.126, I,326頁参照。

[16] 隔たりと訳出したドイツ語の Abständigkeit は、〈立ち枯れた〉、〈気の抜けた〉、という意味をもつ形容詞 abständig から作られた造語である。通常、私たちが個別的な他者との隔たりを気にかけるときには、互いに高め合うライバル関係が典型例であるように、隔たりがあじけないものとして当事者に自覚されることはほとんどない。他方、世間の平均的なあり方を維持するために気にかけられる隔たりは、ハイデガーがこの言葉を選んだことからも示されるように、あじけないものとして、私たちの平均的なあり方を暗黙のうちに規定している。そして、こうした暗黙の規定が、ホームの少女たちのあり方において、私たちにもはっきりとわかるようになる。

[17] Vgl., S.194, II,157頁参照。

[18] 〈ハブ〉とは、村八分の略語である。

[19] S.195, II,158頁。

[20] Vgl., S.195, II,158頁参照。

[21] S.195, II,159頁。

第3章　虐待をのりこえる

[1] 自立援助ホームは、正式名を「児童自立生活援助事業」といい、児童福祉法第27条第９項に基づき設置されている。樹理さんが生活するホームでは、最多で６名の子どもが、男女混合で生活しているが、そのほとんどは、虐待をこうむった経験をかかえており、被虐待環境からなんらかのかたちで保護されてきた子どもたちである。

[2] こうした日常の生活における現在の充実の意味や施設における困難さは、第１章で大塚がくわしく考察している。

[3] 本章に記載する事例は、筆者がホームを訪問するそのつど、帰宅してから、記憶を頼りに書きとめておいたものである。なお、本章への記載にあたっては、内容を変更しない程度に、加筆・変更したところがある。また、樹理さんがホームに入所した年をXXX0年として、それ以降の日付を付すこととする。

[4] ホームでは複数の子どもが生活しているが、本章では樹理さんのみに焦点を当てるため、樹理さん以外の子どもについては、アルファベットでその仮名を示すことにする。

[5] Cf., Sartre, J. P. L'être et le néant − essai d'ontologie phénoménologique, Gallimard, 1943, p. 75. 邦訳『存在と無 ── 現象学的存在論の試み　上・下』, 松浪信三郎訳, 人文書院, 104頁参照。なお本章では以下、サルトルからの引用と参照に際しては、注に原典と邦訳書のページ数のみを記す。

[6] p.73, 102頁参照。

[7] p.82, 114頁。

[8] 子どもたちは、入所する前に、１日程度ホームでの生活を体験し、入所するかどうかを自分で選択することになっている。

[9] p.322, 466頁。

[10] Cf., p.322, 465頁以下参照。

[11] p.322, 465頁。

[12] p.276, 399頁。

［13］Cf., p.276, 399頁参照。
［14］Cf., p.276, 399頁参照。
［15］p.276, 399頁。
［16］p.322, 465頁。
［17］【麻薬】の場面で考察した、樹理さんのこうむっている林さんの視線も、サルトルが「眼差し」と呼ぶ、強い作用をもった視線である、と考えられる。
［18］p.502, 818頁。
［19］p.329, 476頁。
［20］林さんが実際にすべてを知っていたかどうかではなく、眼差されている樹理さんにとってはそう感じられた、ということである。サルトルの解明する「眼差し」は、他者から眼差される、という仕方では経験されうるとしても、他者を眼差している、という仕方では経験しえない、と考えられる。
［21］p.322, 465頁。
［22］p.321, 464頁。
［23］Cf., p.104, 144頁以下参照。
［24］p.135, 188頁。
［25］E さんは、後の事例にもでてくるが、樹理さんがホームで生活しはじめる以前から親しくしている友人である。
［26］p.223, 321頁。
［27］p.223, 321頁。
［28］p.223, 321頁。
［29］p.329, 477頁。
［30］Cf., p.79, 110頁参照。
［31］p.579, 931頁。
［32］p.577, 927頁。
［33］p.579, 932頁。
［34］Cf., p.580, 933頁参照。
［35］p.80, 111頁。
［36］p.82, 114頁。
［37］p.82, 114頁。
［38］p.82, 114頁。

[39] p.126, 175頁。
[40] p.578, 930頁。
[41] p.126, 175頁。
[42] p.126, 175頁。
[43] Cf., p. 577, 928頁参照。
[44] p.162, 229頁。
[45] ペルザー, D. 著。
[46] p.580, 932頁。
[47] p.577, 928頁。

第4章　子どもの辛さをめぐって

[1] Vgl., Heidegger, S.140, II,24頁。
[2] Sartre, p.661, 1050頁。
[3] Ibid., p.531, 同書, 859頁。
[4] Heidegger, S.284, II,371頁以下。
[5] Waldenfels, S.334.
[6] Sartre, p.641, 1022頁。
[7] 大塚, 186頁以下参照。
[8] Sartre, p.126, 同書, 175頁。
[9] Ibid., p.125, 同書, 173頁。
[10] Ibid., p.72, 同書, 100頁。
[11] Ibid., p.515, 同書, 836頁。
[12] Jaspers, S.203, 233頁。
[13] A.a.O., S.204, 同書。
[14] 神谷, 98頁。
[15] Heidegger, S.186, II,137頁。
[16] A.a.O., S.189, 同書, 142頁。
[17] A.a.O., S.87, I,225頁。
[18] Sartre, p.68, 94頁。
[19] Ibid., p.640, 同書, 1022頁。
[20] Ibid., p.133, 同書, 185頁。
[21] それどころか、そのつど自分になにが欠如しているかが明確にとらえら

れていないときには、自分の可能性が自分の本当の可能性とはならないことについては、遠藤135頁－146頁を参照。

［22］ Ibid., p.249, 同書, 360頁。

［23］ Merleau-Ponty, p.Ⅶ, 10頁以下。

［24］ Waldenfels, S.313f.

［25］ ドレーアー，８頁以下。

引用文献

ドレーアー , W. 2003「知的障害者を一個の人間として認めることは何を意味しているか」中田基昭編著『重障児の現象学』川島書店

遠藤野ゆり 2009『虐待された子どもたちの自立』東京大学出版会

Heidegger, M. 1927 *Sein und Zeit*, Max Niemeyer.［ハイデガー『存在と時間Ⅰ・Ⅱ・Ⅲ』原佑・渡邊二郎訳 中央公論新社 2003］

Jaspers, K. 1959 *Philosophie II Existenzerhellung*, Springer Verlag.［ヤスパース『実存開明〔哲学Ⅱ〕』草薙正夫・信太正三訳 創文社 1964］

神谷美恵子 1966『生きがいについて』みすず書房

Merleau-Ponty, M. 1945 *Phénoménologie de la perception*, Gallimard.［メルロー＝ポンティ『知覚の現象学1』竹内芳郎・小木貞孝訳 みすず書房 1967］

中田基昭 2008『感受性を育む』東京大学出版会

大塚類 2009『施設で暮らす子どもたちの成長』東京大学出版会

ペルザー , D. 1998『“It”（それ）と呼ばれた子』田栗美奈子訳 青山出版社

Sartre, J. P. 1943 *L'être et le néant*, Gallimard.［サルトル『存在と無 上・下』松浪信三郎訳 人文書院 1999］

Tellenbach, H. 1974 *Melancholie*, Springer Verlag.［テレンバッハ『メランコリー』木村敏訳 みすず書房 1978］

Waldenfels, B. 1971 *Das Zwischenreich des Dialogs*, Martinus Nijhoff.